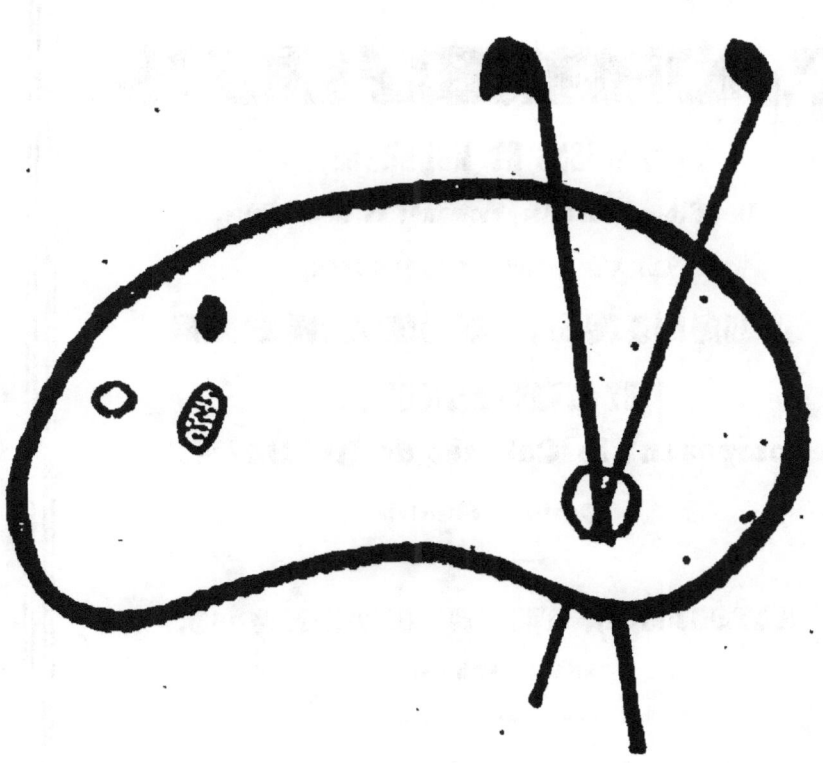

DEBUT D'UNE SERIE DE DOCUMENTS
EN COULEUR

CATALOGUE

D'UNE BELLE COLLECTION

DE

TABLEAUX

ANCIENS ET MODERNES,

Des Écoles Française, Flamande et Hollandaise.

AUX 17me, 18me ET 19me SIÈCLE,

DESSINS, ESTAMPES

ET LIVRES A FIGURES,

Composant le Cabinet de M. SAINT,

Peintre de Miniature.

EXPOSITION, RUE DES JEUNEURS, 10,

LES 2 ET 3 MAI.

Vente le 4 mai et jours suivants.

PARIS
IMPRIMERIE ET LITHOGRAPHIE DE MAULDE ET RENOU,
RUE BAILLEUL, 9 ET 11.

1846

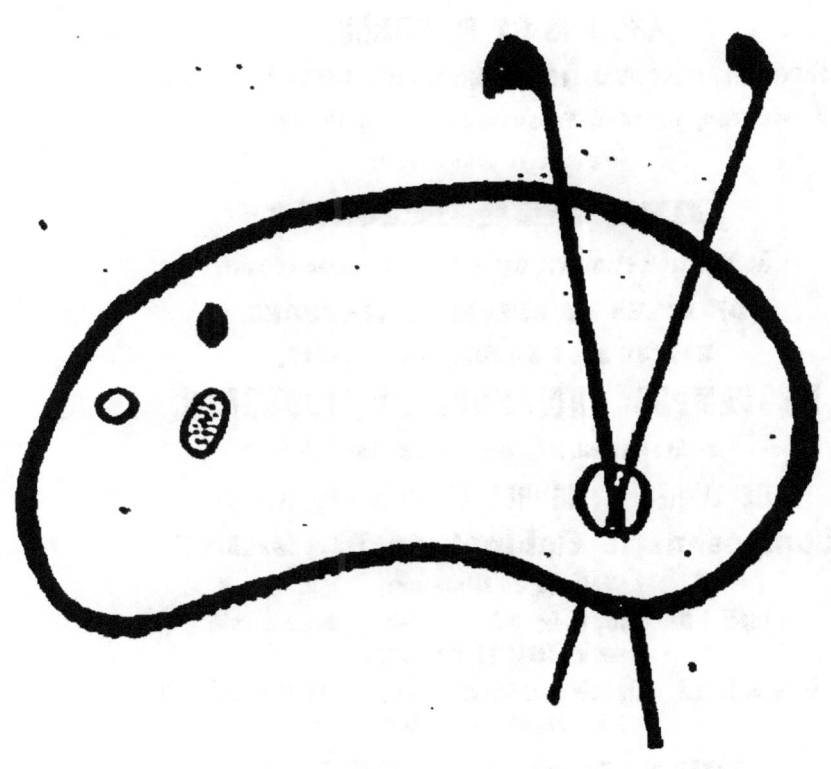

FIN D'UNE SERIE DE DOCUMENTS EN COULEUR

CATALOGUE

D'UNE BELLE

COLLECTION DE TABLEAUX

ANCIENS ET MODERNES,

PRINCIPALEMENT DE MAITRES FRANÇAIS AUX 18e ET 19e SIÈCLES

Watteau, Chardin, Fragonard, Greuze, Prudhon, etc.;

D'UNE SUITE NOMBREUSE DE

DESSINS

de Watteau et autres artistes de la même époque,

DE FIXÉS ET BELLES MINIATURES,

ET D'UN ÉTAT MANUSCRIT DE 1707,

D'ESTAMPES ANCIENNES ET MODERNES,

Gravées à l'eau-forte et au burin, par les meilleurs Artistes.

DE LIVRES A FIGURES ET SUR LES ARTS,

Composant le Cabinet de M. SAINT,

Peintre de Miniature,

Le Lundi 4 Mai 1846, et les trois jours suivants, heure de midi,
pour les TABLEAUX et DESSINS;

Et le Lundi 11 Mai, et les trois jours suivants, pour les ESTAMPES et les LIVRES
A FIGURES ET SUR LES ARTS.

HOTEL DES VENTES, RUE DES JEUNEURS, 16,

Par le ministère de Me BONNEFONS DE LAVIALLE.

EXPOSITION PUBLIQUE

Le Samedi 2 et Dimanche 3 mai de midi à 5 h. pour les Tableaux
et Dessins, et le Dimanche 9 mai pour les Estampes et Livres.

SE DISTRIBUE A PARIS,

Chez Me BONNEFONS DE LAVIALLE, commissaire-priseur, rue de
Choiseul, 11.

M. DEFER, expert, dirigeant la vente, quai Voltaire, 19.

1846

SE DISTRIBUE A L'ÉTRANGER.

A Londres,

Chez MM. SMITH, Lile street.
COLNAGHI, Pall Mall east.
GRAVES, — d° —

A Leipzick,

M. RUDOLPHE WEIGEL.

A Manheim,

MM. ARTARIA et FONTAINE.

A Amsterdam,

M. GRUPTER, marchand de tableaux.

M. DEFER se charge des commissions de la France et de l'Étranger.

Cinq pour cent en sus des enchères.

Paris, imp. de MAULDE et RENOU, rue Bailleul, 9-11.

Ordre des Vacations.

Ire VACATION. *Le Lundi 4 mai.*

DESSINS, par Robert, Fragonard, Watteau, etc. Pastels de Latour, n. 1 à 35.

TABLEAUX de Michel, Duval, Robert, Casanove, Bruandet, Houel, Boucher, Chardin, Greuze, Ant. Watteau, Lancret, Fragonard, Vanloo, etc. n. 36 à 82.

IIe VACATION. *Le mardi 5 mai.*

DESSINS, par Pagnest, Demarne, Sweback, Mallet, Lantara, Fragonard, Girodet, Bonnington, Thibault, M. Granet, Prud'hon, etc. n. 83 à 120.

TABLEAUX, Thibault, Drolling, Bidault et M. Horace Vernet, Mme Haudebourg née Lescot, M. E. Isabey, Bertin, M. Granet, Demarne, Prud'hon. Mlle Mayer, Gérard, Taunay, MM. Fragonard fils, Couder, Regnault, Ducis, Destouches, Bouton, etc. n. 121 à 173.

IIIe VACATION. *Le mercredi 6 mai.*

DESSINS, par Lancret, Watteau, Boucher et autres artistes au XVIIIe siècle, n. 174 à 216.

TABLEAUX, par Millet, de Witte, Breughel, Gonzalès Coques, P. Bril, Van-Uden, J. Both, Rembrandt, A. Van-Dyck, Wynants, Terburg et autres maîtres flamands et hollandais, n. 173 à 261.

IVe VACATION. *Le Jeudi 7 mai.*

DESSINS, de Fragonard, Robert, Boucher, Watteau, Louis Moreau, Baudouin, Lawreince, Gillot, n. 262 à 304.

FIXÉS ET MINIATURES, par Hall, Augustin, MM. Isabey et Saint, n. 305 à 370.

— Un beau mannequin de femme, par Huot.

Ve VACATION. *Le lundi 11 mai.*

ESTAMPES, Ecole française, dont l'œuvre de Claude Lorrain, n. 371 à 488.

VIe VACATION. *Le mardi 12 mai.*

ESTAMPES, Portraits n. 490 à 500. Estampes modernes, n. 501 à 525. Lithographies n. 526 à 539. Eaux fortes flamande et hollandaise, les œuvres de Both, de Dujardin, de Van-Dyck, etc., n. 540 à 607.

VII° VACATION. *Le mercredi 13 mai.*

ESTAMPES, Suite de l'Ecole hollandaise, portraits d'après Van-Dyck, l'œuvre d'Ostade, d'Everdingen, Rembrandt, Ruysdaël, Swanevelt, Waterloo, etc., n. 608 au n. 682. Ecole anglaise, Strange, Woolett, Vivarès et autres graveurs. Portrait de Reynolds et Laurence et diverses vignettes anglaises, n. 683 à 720.

VIII° VACATION. *Jeudi 14 mai.*

Livres à figures, architecture, galeries, cabinets, recueils d'estampes, catalognes, etc., n. 721 à 779.

AVANT-PROPOS.

De graves raisons de santé ont pu seules déterminer la vente de cette collection, bien connue et admirée à juste titre des artistes et amateurs; elle a fait les délices de quarante années de la vie de l'artiste qui l'a formée. Peintre en miniature, l'étude de son art le portait vers les productions gracieuses; aussi les peintres français du dix-huitième siècle ont-ils été ses maîtres de prédilection, tels que Watteau, dans ses charmantes et riantes pastorales, Boucher et Fragonard, dans leurs voluptueuses poses, et leurs frais et vaporeux coloris. Son goût pour cette école ne l'a pas rendu indifférent aux écoles Flamande et Hollandaise; il y a trouvé des motifs d'études dans les beaux portraits de Van-Dyck et dans les étoffes de satin rendu avec tant de vérité par Terburg. Si le prix élevé qu'ont atteint les beaux tableaux des maîtres de ces écoles ne lui ont pas permis d'augmenter sa collection au gré de ses désirs, il s'en est dédommagé en recueillant leurs eaux fortes et en formant une collection remarquable en ce genre. L'école anglaise a fourni aussi son tribut, dans une suite de gravures, d'après les portraits des plus habiles peintres en ce genre, Reynolds et Laurence.

Contemporain des Demarne, des Taunay, des Drolling, des Thibault, des Pagnetz, des Prud'hon, des Gérard, M. Saint se plut à enrichir sa collection d'un spécimen des œuvres de chacun de ces maîtres. Cette collection dont le catalogue décrit près des huit cents articles, est sommairement désigné par l'ordre des vacations qui précède et qui sera rigoureusement suivi.

DÉSIGNATION DES TABLEAUX ET DESSINS.

ÉCOLE FRANÇAISE XVIII SIÈCLE.

Tableaux par Watteau, Chardin, Boucher, Greuze, Fragonard, etc., et dessins de ces mêmes artistes.

1ʳᵉ VACATION.

DESSINS.

ROBERT ET FRAGONARD.

1 — Vues et monuments de Rome, 9 croquis.
2 — Vues de Rome, 8 croquis à la pierre d'Italie.
3 — Recueil de dessins et croquis d'après nature, par Robert et autres maîtres, et mis en ordre par Robert en 1779, un cahier cartonné.

FRAGONARD (Honoré).

4 — Sujets et paysages. Quarante deux dessins au trait, croquis, et sépia ébauchés. Cet article sera divisé.

LEPRINCE (Jean-Baptiste).

5 — Paysages, costumes russes. Quatre dessins à la sépia ou lavés à l'encre, 1761 à 1776.

VERNET (Joseph).

6 — Fabrique située au bord de la mer. Dessin à la plume, lavé à la sépia.

LANTARA.

7 — Marine, effet de clair de lune. Paysage. Près d'une rivière que traverse un pont, se voit une masse de rochers au sommet desquels sont les ruines d'un château-fort. Ces deux dessins sont au crayon, et très terminés.

ROBERT (Hubert).

8 — Vue prise dans les jardins d'une Villa. Dessin à la sanguine.

DU MÊME.

9 — Vue d'un jardin. Dessin à la sanguine.

CASANOVE.

10 — Combats de cavalerie, deux dessins vigoureusement lavés sur papier de couleur rehaussé de crayon blanc; provenant du cabinet Mariette.

COCHIN.

11 — Le menuet. Intérieur d'un bal sous Louis XV. Dessin à la plume, lavé d'aquarelle.

CHARDIN (Simon).

12 — Jeune fille faisant de la tapisserie à la lumière. Dessin au crayon, lavé à l'encre de Chine et au bistre.

FRAGONARD (Honoré).

13 — Le bosquet. Au premier plan, une allée couverte formée par de grands arbres; plusieurs personnes s'y promènent. Dessin chaudement colorié à la sépia.

13 bis — La lettre d'amour, dessin à la sépia.

DU MÊME.

13 ter. — Danaé. Dessin lavé à la sépia.

DU MÊME.

14 — Deux jolis paysages légèrement coloriés, de la collection Bruzard.

DU MÊME.

15 — Le coucher des ouvrières. Dessin lavé à la sépia.

DU MÊME.

16 — Le maître de danse enlevant son élève. Joli dessin lavé à la sépia.

DU MÊME.

17 — Le sacrifice à la rose. Charmant et gracieux dessin lavé à l'encre de Chine et mêlé d'aquarelle.

18 — L'intrigue à la fenêtre. La leçon de dessin. Deux dessins lavés au bistre.

WATTEAU (Antoine).

19 — La sculpture et la peinture imitées par des singes. Deux dessins à la sanguine; ils sont gravés.

DU MÊME.

20 — Jeune fille vue en buste et placée en avant d'une table. Dessin à la sanguine.

21 — Tête de jeune fille vue de profil ; dessin à plusieurs crayons.

22 — Turc, étude à plusieurs crayons.

23 — Jeune femme debout, étude à la sanguine.

DU MÊME.

24 — Etudes de soldats pour son tableau du départ de garnison, huit dessins à la sanguine.

BOUCHER (François).

25 — Jeune fille assise, un éventail à la main. Dessin à plusieurs crayons sur papier de couleur.

DU MÊME.

26 — Jeune fille dans l'attitude de danser. Gracieux dessin à plusieurs crayons sur papier de couleur.

DU MÊME.

27 — Jeune paysanne, dansant et tenant son tablier des deux mains, le corps gracieusement incliné. Dessin à plusieurs crayons sur papier de couleur, faisant le pendant du précédent.

DU MÊME.

28 — Une charmante jeune fille, vue en buste; elle respire les parfums d'une fleur. Dessin parfaitement terminé à plusieurs crayons.

WATTEAU.

29 — Deux études sur une même feuille. Têtes d'homme et d'enfant, et tête de Mezzetin. Dessin à plusieurs crayons.

DU MÊME.

30 — Charmant portrait de femme, le regard souriant. Dessin à plusieurs crayons.

DU MÊME.

31 — Jeune fille assise le dos tourné. Dessin à plusieurs crayons sur papier gris.

DU MÊME.

32 — Jeune fille coiffée d'un chaperon. Gracieux Dessin à plusieurs crayons.

LATOUR, peintre au pastel.

33 — Portrait grand comme nature, de mademoiselle Salé, danseuse à l'Opéra. Elle est

en déshabillé de ville, assise et vue jusqu'aux genoux. Ce portrait, rendu avec la plus exacte vérité, peut sans contredit être regardé comme un des plus beaux de ce maître.

DU MÊME.

34 — Portrait d'homme, grandeur naturelle, vu à mi-corps et assis. Beau pastel.

DU MÊME.

35 — Tête de femme, pastel d'une grande fraîcheur.

TABLEAUX.

MICHEL.

36 — Charmant petit paysage orné de figures.

DUVAL.

37 — Paysage. Sur la gauche une cascade se précipitant au travers des rochers ; à droite une vaste campagne.

ROBERT.

38 — Dans un paysage, une fontaine à laquelle un paysan fait désaltérer son cheval.

DU MÊME.

39 — Vue d'un riche escalier en pierre conduisant à un parc, et en avant duquel sont diverses figures d'hommes occupés à déplacer des orangers.

CASANOVÉ.

40 — Après la bataille. Sur le premier plan un homme donne des ordres pour l'enlèvement des morts. Tableau d'un ton chaud et vigoureux. Il a été gravé.

DU MÊME.

41 — Mêlée de cavalerie, esquisse pleine de mouvement.

HOUEL, peintre et architecte.

42 — Riche campagne de Sicile; à gauche un chemin bordé d'arbres où se voient divers personnages; à droite une rivière. Charmant paysage d'une précieuse exécution.

DU MÊME.

43 — Marine; à droite, au bord de la mer, des fortifications et une tourelle; au premier plan, divers personnages prêts à s'embarquer.

BRUANDET (Léazard).

44 — Paysage; à gauche un chemin conduisant à un bois; à droite, dans le fond, une mare en avant de laquelle est un pâtre conduisant deux vaches. Tableau d'une exécution soignée et parfaitement conservé.

VERNET (Joseph).

45 — Un naufrage; à droite, au bas des rochers, des matelots jettent des cordes à des naufragés.

BOUCHER.

46 — Paysage pittoresque. Une passerelle traverse une rivière sur laquelle est un bateau d'où des pêcheurs jettent leurs filets.

DU MÊME.

47 — Diane au bain, surprise par Actéon. Charmante esquisse.

CHARDIN (Simon).

48 — Le bénédicité. Charmant tableau du maître, composition bien connue par la gravure de Lépicié faite en 1740.

DU MÊME.

49 — Sur une table en pierre recouverte d'une serviette, sont posés une cruche, un verre, un pain, des fruits et quelques livres, le tout rendu avec une scrupuleuse vérité. Tableau remarquable du maître.

DU MÊME.

50 — Un homme assis et vu de dos dessine, son portefeuille sur les genoux ; le portrait présumé de Chardin.

DU MÊME.

51 — Femme assise se disposant à faire de la tapisserie, ce qu'indique un panier rempli de pelottes de laine de diverses couleurs placé à côté d'elle. Ce joli petit tableau, ainsi que le précédent, est frappant de vérité.

DU MÊME

52 — Sur une table en pierre du poisson et divers ustensiles de cuisine.

DU MÊME.

53 — Sur une table en pierre des légumes et divers ustensiles de cuisine, pendant du précédent.

GREUZE (Jean-Baptiste).

54 — Tête de jeune fille d'une physionomie souriante; ses cheveux sont arrêtés par des rubans et des fleurs.

DU MÊME.

55 — Jeune femme vue à mi-corps, le regard de face, cheveux blonds relevés par un ruban.

55 bis — Tête de jeune femme vue de face, et ayant les cheveux relevés par un ruban.

WATEAU (Antoine).

56 — Vue d'un parc avec perspective; au premier plan, diverses figures d'hommes et de femmes; à gauche un homme et une femme causant, et plus en avant un homme en costume de mezettin jouant de la guitare. Vers la droite deux enfants jouent assis à terre, et sur un plan plus éloigné on aperçoit divers personnages appuyés sur une balustrade donnant sur une pièce d'eau bornée par un beau portique architectural. Ce tableau a été gravé par Crespy.

DU MÊME.

57 — Le concert dans le parc. Dix-neuf personnages diversement groupés animent cette charmante composition. Dans le groupe principal, on remarque parfaitement éclairé, une jeune femme en galant costume, corsage de satin rose et jupe de satin blanc; elle tient sur ses genoux un livre de musique, dans lequel elle paraît chanter; un homme placé près d'elle, et jouant de la guitare, semble l'accompagner. Un peu plus loin un homme et une femme se promènent et causent; à droite une jeune fille se défend des caresses d'un jeune homme. Ce tableau, l'un des plus terminés du maître, a été fait à Nogent-sur-Marne, village qu'habitait Watteau, qui s'est plu à représenter sous les habits d'un de ses personnages, le portrait du curé de l'endroit.

DU MÊME.

58 — Le menuet, dansé par un jeune homme et une jeune femme au son d'une musette et d'une flûte dont jouent deux musiciens assis à la droite, ainsi que deux jeunes filles et un jeune homme. Gracieuse composition d'une exécution soignée.

DU MÊME.

59 — La fête de village, ce tableau contient une multitude de figures; à droite une table

servie où sont assis plusieurs personnages ; plus loin une femme et un Giles dansent le menuet, en présence d'un grand nombre d'hommes et de femmes ; au premier plan, des turcs, un arlequin, des hommes et des femmes richement vêtus ; vers la gauche une calèche attelée de quatre chevaux blancs et auprès un cavalier ayant près de lui son chien. Ce tableau important par le détail de la composition, n'est pas entièrement terminé.

LANCRET.

60 — Dans un paysage où se voit une fontaine, quatre personnages diversement grouppés, dont trois femmes et un Giles.

DU MÊME.

61 — Un concert à la cour. Deux personnages, homme et femme, occupent le premier plan ; le premier est décoré du cordon bleu. Esquisse bien composée.

FRAGONARD (Honoré).

62 — Le serment d'amour. Ce tableau, très terminé et l'un des plus beaux du maître, est bien connu par la gravure de Mathieu.

DU MÊME.

63 — La fontaine d'amour. Esquisse d'une char-

mante couleur. Ce tableau a été gravé
par Regnault.

DU MÊME.

64 — La bergère effrayée, scène comique. Tableau de forme ovale.

DU MÊME.

65 — Baigneuses dans diverses attitudes gracieuses; l'une d'elles sortant du bain se rhabille aidée d'une camériste, devant une toilette; à gauche deux hommes cachés derrière un rideau cherchent à les surprendre. Ce tableau aussi de forme ovale fait le pendant du précédent.

WATTEAU (Antoine).

66 — Deux figures allégoriques représentant la muse de la comédie et celle de la musique; elles sont placées de chaque côté d'un écusson, autour duquel sont allégoriquement groupés des instruments, des livres et des masques. Ce tableau est gravé sous le titre de l'alliance de la comédie et de la musique.

DU MÊME.

66 bis. Divers sujets, pastorales, danses costumées, scènes chinoises; ces divers objets ont été peints par Watteau, sur fond d'or, sur les panneaux d'un clavecin, provenant d'une maison royale.

DU MÊME.

67 — La conversation dans un paysage pastoral. Dix personnages, hommes, femmes et enfans, les uns assis, les autres debout, s'entretiennent ensemble. Gracieux tableau traité en esquisse.

DU MÊME.

68 — Paysage. Dans un intérieur de parc une société de neuf personnes groupées diversement. Un valet offre des rafraîchissements à un jeune homme assis à droite de la composition; à gauche une jeune fille joue avec un chien. Esquisse spirituellement traitée, pendant du tableau précédent.

DU MÊME.

69 — L'amour entouré de jeunes enfants ailés, et aiguisant ses traits. Petit tableau d'une grande finesse de ton.

DU MÊME.

70 — Le menuet. Un Giles danse en s'accompagnant des castagnettes et d'un orchestre formé de trois musiciens assis à gauche. Du côté opposé six personnages debout et assis dans diverses attitudes. Tableau en forme de frise, qui paraît être l'esquisse de celui qui était dans la galerie du duc d'Orléans.

DU MÊME.

71 — Une jeune fille vue de profil tournée vers la gauche. Esquisse sur papier.

DU MÊME.

72 La moisson. Au premier plan cinq personnages se reposent assis près d'une cascade et sous l'ombrage de beaux arbres; dans le fond des paysans font la moisson. Tableau gravé.

WATTEAU (Ecole de).

73 — Paysage avec figures. Un homme verse à boire à deux jeunes femmes assises.

FRAGONARD (Honoré).

74 — Parc avec statues et jets d'eau. Au premier plan diverses figures ; deux dames dans un riche costume parlent à un cavalier assis sur une balustrade.

DU MÊME.

75 — Paysage. Au premier plan des roches sablonneuses et diverses figures d'animaux.

INCONNU (ECOLE FRANÇAISE).

76 — Une jeune femme assise. Jolie esquisse.

WANLOO (César).

77 — Effet de neige.

PATEL.

78 — Paysage. Près d'une rivière, qui se voit à gauche, un tertre ombragé d'arbres qui occupe le milieu de la composition. — Diverses figures.

DU MÊME.

79 — Paysage avec ruine.

SARAZIN

80 — Paysage, orné de figures.

DU MÊME.

81 — Paysage. A droite une chaumière; à gauche le soleil se lève derrière des arbres.

STEPHANOFF.

82 — La visite. Esquisse.

ÉCOLE FRANÇAISE DES XVIII ET XIX SIÈCLES.

Tableaux par Gerard, Prud'hon, Demarne, Taunay, Drolling, etc., et Dessins de divers artistes modernes.

2ᵉ VACATION.

DESSINS.

DIVERS ARTISTES MODERNES.

83 — Divers dessins au crayon, à la sanguine.
84 — Neuf dessins. Etudes à la sépia et à l'aquarelle par des artistes modernes.

AUGUSTIN.

85 — Têtes de femmes. Trois dessins à plusieurs crayons.

DUNOUY.

86 — Etudes de paysages. Vingt-sept dessins à la sépia et à l'encre.

PAGNEST.

87 — Sept études académiques. Dessins au crayon, et dix albums et cahiers de croquis. Cet article sera divivisé.

INCONNU (ECOLE FRANÇAISE).

88 — Sainte Famille, composition de Raphaël. Dessin au crayon par un artiste moderne.

VAN SPAENDONCK et autres artistes.

89 — Quatorze études par divers artistes.

ROBERT (Hubert).

90 — Paysages, vues de Rome, scènes champêtres. Sept dessins à la sanguine.

DU MÊME.

91 — Etudes de figures. Quatre dessins à la sanguine.

DU MÊME.

92 — Cinq paysages et ruines ; quatre dessins au crayon et à l'aquarelle.

DU MÊME.

93 — Vues de palais et fabriques de Rome, deux dessins légèrement coloriés. Rome, 1763.

DEMARNE.

94 — Etudes et croquis de paysage et d'animaux,

figures; en tout, 165 dessins au crayon, à lavis, traits, etc.

Cet article sera divisé.

SWEBACK DES FONTAINES.

95 — Croquis de campement, marches militaires, etc. Huit dessins à la plume et au lavis.

MALLET.

96 — Soixante-quatorze dessins et croquis de composition.

LANTARA.

97 — Paysage au crayon.

FRAGONARD (M.).

98 — Malvina : elle est assise sur un tertre et joue du luth. Dessin très terminé à l'estompe.

FRAGONARD fils et LEPRINCE

99 — Quatre dessins à la sépia et à l'aquarelle.

NICOLE.

100 — Vues d'Italie. Sept dessins à la sépia et à l'aquarelle.

HORACE VERNET et BLONDEL (MM.).

101 — Six costumes, aquarelles.

GIRODET

102 — Portrait de Louis David, peintre, dans sa jeunesse. Dessin au crayon.

PAGNEST.

103 — Portrait de M....., en costume de hussard. Dessin au crayon.

FRAGONARD Fils (M.).

104 — Une scène du mariage de Figaro : la Leçon de musique.

104 bis. — Rubens peignant sa maîtresse, Hélène Forman. Dessin au bistre.

BONNINGTON (Attribué à).

105 — Intérieur d'une cour gothique dans la manière de Bonnington.

ISABEY (M. Eugène) et autres.

106 — Dessins et études, lavés à la sépia et à l'aquarelle, par divers artistes.

THIBAULT.

107 — Villa d'Italie, belle sépia, et onze petits dessins. Etudes à la sépia, à l'encre de Chine et à la plume, sur une même feuille.

108 — Une vue prise à la villa Borghèse, dessin à l'aquarelle.

Du même.

109 — Vues d'Italie, dessins à la sépia.

HAUDEBOURG née LESCOT (Mme).

110 — Deux dessins à l'aquarelle et au crayon.

GRANET (M.).

111 — Portique du couvent des Capucins à Rome, dessin lavé à la sépia et légèrement colorié.

112 — Intérieur d'un cloître, dessin lavé à la sépia.

Du même.

113 — Intérieur d'une cuisine de couvent, en Italie, dessin à la sépia.

PRUD'HON.

114 — Esquisse qui paraît avoir été la première pensée du sujet d'Innocence et Amour, et une étude du tableau de la Justice divine. Deux dessins sur papier bleu rehaussé de blanc.

CHARLET.

115 — La Leçon d'écriture, dessin lavé à l'aquarelle.

ISABEY (M.).

116 — Intérieur de palais, dessin à la sépia.

MALLET.

117 — Intérieur. — Une servante apporte des rafraîchissements à deux personnes assises. Dessin à la gouache.

118 — La Lecture. Une jeune fille fait la lecture à un homme et à une femme âgée qui file. Dessin à la gouache précieusement terminé.

Du même.

119 — Une esquisse peinte et une aquarelle, intérieurs de famille.

BONNINGTON.

120 — Marino. Au premier plan, une embarcation à sec, autour de laquelle se voient plusieurs matelots; la mer s'étend jusqu'à l'horizon.

TABLEAUX.

ROMMY (M).

121 — Vue du temple de la Sibylle à Tivoli.
122 — Vue de la grotte de Pausilippe.

REGNIER.

123 — Paysage. Vue prise d'après nature.

THIBAULT.

124 — Vue prise à Isolla-Bella.

Du même.

125 — Vue rappelant l'Isolla-Bella. Sur le premier plan, de grands et beaux arbres, au pied desquels sont plusieurs personnages drappés à l'antique.

Du même.

126 — Etude faite à Fleury, près Paris.

DROLLING (Martin).

127 — Une femme sur la porte d'une maison paraît indiquer à un enfant son chemin. Esquisse.

Du même.

128 — La Famille du cultivateur, composition de six figures placées au premier plan et pittoresquement éclairées; elles sont d'une exécution soignée. Ce charmant tableau, du meilleur faire du maître, est signé et porte la date de 1804.

BIDAULT et HORACE VERNET (MM.).

129 — Intérieur de forêt. Au premier plan, deux gardes-chasse; l'un d'eux lance un furet; l'autre, son fusil sous le bras, est suivi d'un basset. Ces deux figures sont de M. Horace Vernet.

BIDAULT (M).

130 — Paysage. Rivière bordée à gauche par des arbres; montagnes dans le fond.

Du même.

131 — Site d'Italie. Paysage avec figures.

HAUDEBOURG née LESCOT (M**me**).

132 — Marchand de tisane à la porte d'un théâtre. Il verse à boire à deux jeunes enfants.

ISABEY (M. Eugène).

133 — Marine. A gauche, une plage; à droite, plusieurs matelots lancent leurs chaloupes à la mer.

BERTIN.

134 — Paysage composé, dans lequel l'artiste s'est inspiré du Gouaspre.

Du même.

135 — Paysage garni de beaux arbres et de deux figures dont l'une représente Diane ; épisode de la fable.

Du même.

136 — Paysage. Entrée de forêt. Au premier plan, de beaux arbres, au pied desquels sont deux preux chevaliers.

GRANET (M).

137 — Intérieur d'un cloître où se voient quatre religieuses, dont trois à genoux devant un autel placé contre une porte donnant sur la campagne ; la quatrième descend l'escalier d'une tourelle à droite.

Du même.

138 — Intérieur de la cuisine de M. A**, peintre. Deux enfants, une jeune fille et un jeune garçon crayonnant sur le mur.

DEMARNE.

139 — La Fontaine gothique. Deux jeunes femmes dont l'une montée sur un cheval blanc et l'autre appuyée sur un baquet placé sur le bord de la fontaine, causent ensemble. A l'entour, plusieurs vaches et un trou-

peau de moutons. On voit, vers la droite,
un âne, des chèvres et un paysan qui se
dispose à mettre des poules dans un panier. Dans le fond, une rivière traversée
par un pont qui conduit à des fabriques.
Tableau capital du maître.

Du même,

140 — Vue d'un canal. Au premier plan, à droite,
plusieurs bateaux qu'on est occupé à dé-
charger; un peu plus loin, une ferme où
se voient un très grand nombre de personnes et d'animaux.

Du même.

141 — La Chaumière entourée d'arbres. Elle occupe le milieu de la composition; à gauche, une mare que borne un chemin sur
lequel sont des vaches, une charrette de
paysan et un troupeau de moutons.

PRUDHON (Paul).

142 — L'Amour séduit l'Innocence, le Plaisir l'en-
traîne et le Repentir suit. Pensée poéti-
que. Tableau terminé renfermant toutes
les qualités précieuses qui distinguent les
ouvrages de Prud'hon. Ce sujet a été
gravé par Roger.

Du même.

143 — L'Heureuse mère. Elle contemple avec
amour son enfant couché sur ses genoux.
Charmante esquisse du maître.

MAYER (Mlle).

144 — Le Regret. Jeune mère en contemplation douloureuse devant la tombe de son enfant. Esquisse pleine de sentiment et digne de Prud'hon, qui n'y a peut-être pas été étranger.

GÉRARD (François).

145 — Portrait de la reine Hortense.

Du même.

146 — Portrait de la reine de Naples, Mme Murat.

Du même.

147 — Portrait du prince Jérôme Napoléon et de la princesse sa femme. Esquisse.

TAUNAY (Nicolas).

148 — Le Proscrit. Charmante composition de douze figures placées en avant d'une chaumière. Tableau d'une parfaite exécution.

Du même.

149 — Vue d'une des côtes du Brésil. Au premier plan, à droite, une embarcation où des matelots sont occupés à charger des ballots ; plus loin, divers petits bateaux montés par des nègres pour la pêche du thon; dans l'éloignement, des bâtiments en panne.

Du même.

150 — Vue du Brésil. Au premier plan, diverses figures et un troupeau de vaches; des coteaux garnis de sapins; une ville au delà de la mer, bornée derrière par des montagnes.

Du même.

151 — Pierre-l'Hermite prêchant la croisade. Ce tableau, composé d'un très grand nombre de figures dans un riche paysage, est d'une exécution à la fois vigoureuse, suave et harmonieuse, qui peut rivaliser avec celle des meilleurs maîtres flamands. C'est un des plus beaux du maître.

Du même.

152 — Grand paysage composé. A droite, au premier plan, plusieurs jolies figures.

Du même.

153 — Paysage. Au premier plan, un berger, une vache couchée, une autre debout, un mouton; sur un plan plus éloigné, un berger, une bergère et quelques animaux. Tableau très fin d'exécution.

BERGERET (M.).

154 — Le pape Léon X commande à Raphaël les tableaux du Vatican.

FRAGONARD (M.).

155 — Esquisse d'une composition exécutée en plafond au Louvre.

COUDER (M.).

156 — Etude de jeune garçon. Tête pleine de sentiment.

PAGNEST.

157 — Portrait en buste, grand comme nature, et très fin, de Mme de ***.

REGNAULT.

158 — Vénus caressant l'Amour.

DUCIS (M.).

159 — Intérieur de la cuisine de M. G...., peintre. Deux figures.

MÉRIMÉE (M.).

160 — Bacchante endormie vue de dos. Jolie esquisse d'une grande finesse et riche de couleur.

DESTOUCHES (M.).

161 — La jeune Vivandière. Elle offre un verre de vin à un jeune hussard. Ce dernier lui fait une protestation d'amour en mettant la main sur son cœur.

BOUTON (M.).

162 — Intérieur d'une chapelle souterraine.

Du même.

163 — Petit intérieur de cloître.

MAUZAISSE.

164 — Bonaparte au passage du mont Saint-Bernard. Copie très terminée du tableau de David.

165 — Homme et femmes en pied. Copies d'après des tableaux de Van-Dyck, du Musée royal.

DUNOUY.

166 — Trois études peintes de paysage, prises aux environs de Paris.

FOUQUET (M.).

167 — Paysage. Etude d'après nature prise aux environs de Paris.

PAU DE SAINT-MARTIN.

168 — Etude de jardin. Bosquet de lilas.

169 — Paysage avec figures, d'après nature.

170 — Etude d'arbre d'après nature.

ECOLE FRANÇAISE.

171 — Etude d'après une habitation champêtre. Esquisse.

172 — Vue du palais de la reine Jeanne.

173 — Diverses esquisses et études de paysages seront divisées sous ce numéro.

Tableaux des Écoles Flamande et Hollandaise aux XVIe et XVIIe siècles, et suite des Dessins français du XVIIIe siècle, et quelques Dessins d'autres Écoles.

3e VACATION.

DESSINS.

PAR DIVERS ARTISTES.

174 — Ruines, architectures, académies etc. Cinq dessins.

175 — Paysages, cinq dessins, par Julien de Parme et autres.

PERIGNON (Nicolas).

176 — Paysages. Neuf dessins lavés à l'encre et coloriés.

EISEN.

177 — Divers sujets, vignettes pour ouvrages. Huit dessins à la mine de plomb sur vélin.

GRAVELOT.

178 — Etudes de femmes, en costumes de l'époque de Louis XV et de Louis XVI. Sept dessins au crayon et à la sanguine.

VINCENT et MOREAU (le Jeune).

179 — Quatre dessins.

ROBERT.

180 — Vue d'une villa. Dessin lavé à l'encre.

LANTARA.

181 — Quatre petits paysages au crayon.

LE PRINCE (J.-B.).

182 — Etudes de femmes. Six dessins à la sanguine et au pastel.

LANCRET.

183 — Etudes de figures. Vingt-deux dessins à la sanguine.

DU MÊME.

184 — Etudes de figures. Sept dessins à la sanguine.

DU MÊME.

185 — Etudes de figures. Huit dessins à la sanguine.

WATTEAU.

186 — Etudes de femmes. Sept dessins à la sanguine.

WATTEAU. (Ecole de.)

187 — Etudes. Sept dessins à la sanguine.
188 — Sept dessins. Etudes à la sanguine.

WATTEAU.

189 — Etudes d'un rémouleur, têtes de femmes, etc. Cinq dessins à plusieurs crayons contre épreuves.

DU MÊME.

190 — Dames assises. Etude pour le tableau des Champs-Élysées. Jeune fille jouant de la guitare; un enfant; une femme assise, couverte d'une mante, etc. Quatre dessins à plusieurs crayons.

191 — Une femme en pied et une tête d'homme coiffée d'un bonnet de soie. Deux dessins à plusieurs crayons.

DU MÊME.

192 — Etudes d'hommes, mascarades, etc. Cinq dessins à la sanguine.

DU MÊME.

193 — Etudes de femmes, de Giles et de militaires; groupes divers pour tableaux connus. Quatre dessins à plusieurs crayons.

DU MÊME.

194 — Deux jeunes filles assises; l'une d'elles est vue de dos. Dessins à la sanguine.

DU MÊME.

195 — Têtes de jeunes filles. Deux dessins à plusieurs crayons.

DU MÊME.

196 — Bergère assise et berger jouant de la flûte. Deux dessins à plusieurs crayons.

DU MÊME.

197 — Etude de satyre. Dessin à plusieurs crayons.

DU MÊME.

198 — Abbé assistant à la toilette d'une jeune dame. Dessin à plusieurs crayons.

DU MÊME.

199 — Etudes de jeunes filles assises, dans le mouvement de se défendre des caresses d'un jeune homme. Deux dessins à plusieurs crayons.

DU MÊME.

200 — Etude de jeune fille et de main. Dessins à plusieurs crayons, sur une même feuille.

BOUCHER.

201 — Etudes de femmes. Quatre dessins au crayon noir, sur papier bleu et gris rehaussé de blanc.

BOUCHER (Ecole de).

202 — Diane au bain; une jeune fille sortant du bain; et un jeune garçon. Trois dessins.

203 — Jeune fille assise et jeune bacchante. Deux dessins à plusieurs crayons.

204 — La jeune mère et une jeune fille. Deux dessins à plusieurs crayons.

GREUZE.

205 — Diane et Actéon. Dessin lavé à l'encre de chine.

DU MÊME.

206 — Cinq dessins, études de têtes, à la sanguine.

DU MÊME.

207 — Quatre études de têtes à la sanguine, contre épreuves.

BOISSIEU (Jean-Jacques de).

208 — Une cascade dont les eaux se perdent dans une rivière qui coule entre deux rochers. Dessin lavés à l'encre de Chine.

209 — Vue du temple de la Sibylle à Tivoli. D. B. F. 1765.

210 — Étude d'arbre. Dessin lavé à l'encre de Chine.

211 — Chaumière. Au premier plan, un ânon et une vieille femme assise. Dessin à l'encre de Chine.

212 — Intérieur de la cour d'une ancienne fabrique. Dessin lavé à l'encre de Chine.

GUERCHIN.

213 — Paysage, dessin à la plume, lavé au bistre.

LIVINS (Jean).

214 — Portrait d'un personnage hollandais, vu à mi-corps. Dessin au crayon, provenant du cabinet Révil.

OSTADE (Isaac).

215 — Une chaumière. Dessin à l'aquarelle, cabinet Révil.

OMMEGANCK.

216 — Dans un paysage garni de beaux arbres, on voit au premier plan un troupeau de moutons couchés et broutant ; plus loin, un berger et une bergère, et divers animaux. Dessin très capital du maître, à la plume, lavé à l'encre.

TABLEAUX.

MILLET (Francisque).

217 — Paysage avec fabrique italienne.

DU MÊME.

218 — Paysage de style; à gauche une citerne.

DU MÊME.

219 — Riche paysage. Au premier plan un tertre sablonneux; à droite les ruines d'un pont près duquel sont de beaux arbres ; à gauche, au-delà d'une rivière, des fabriques entourées d'arbres ; plus loin des

montagnes s'étendent jusqu'à l'horizon. Tableau en forme de frise.

WITTE (Emmanuel de).

220 — Intérieur d'église.

BREUGHEL (Jean).

221 — Village au bord de la mer. Au premier plan, à droite, diverses figures dont deux de cavaliers ; à gauche un bac, et plus loin diverses embarcations à la voile.

GONZALÈS COQUES.

222 — Portrait d'un bourgmestre hollandais.

VITTE (de).

223 — Intérieur d'une église de Hollande.

DU MÊME.

224 — Intérieur d'église hollandaise brillamment éclairé par le soleil, qui pénètre par une croisée placée à gauche.

BRIL (Paul).

225 — Le grand chemin. Au premier plan, une charrette attelée de trois chevaux.

VAN-UDEN.

226 — Riche paysage, avec épisode de la fuite en Égypte.

BOTH (Jean), dit Both d'Italie.

227 — Une fontaine entourée d'arbres. Auprès se

trouve un berger arrêté avec son troupeau.

VAN DEN VELDE.

228 — Vaisseau à la voile, tirant une bordée.

ARTOIS (Van).

229 — Paysage enrichi de figures et d'animaux, par Teniers; l'on remarque à gauche deux colonnes en ruines; un chemin conduisant à une mare, au premier plan, est traversé par divers animaux.

DU MÊME.

230 — Paysage avec terrain sablonneux.

REMBRANDT.

231 — Buste d'une jeune femme nue sortant du bain. Étude pour la Suzanne au bain; d'une grande richesse de ton et se détachant en clair sur un fond noir.

VAN-DYCK (Antoine).

232 — Martyre de Saint Sébastien. Belle composition de quatre figures. Esquisse énergiquement traitée.

DU MÊME.

233 — Portrait d'homme vu à mi-corps et tourné vers la gauche, enveloppé d'un manteau. Esquisse savante et énergique.

VAN-DYCK (Attribué à).

234 — Tête de jeune fille que l'on pense être un des enfants de Charles Ier.

VAN-DYCK (Ecole de).

235 — Portrait d'une jeune femme ayant les cheveux bouclés et coiffée à la Ninon avec des perles dans les cheveux et au cou. Ce portrait rappelle Henriette d'Angleterre.

RUBENS (Attribué à).

236 — Persée délivrant Andromède.

JORDAENS.

237 — Vénus et l'Amour dans un intérieur richement orné, où se voit un lit à l'antique avec draperies.

WYNANTS.

238 — Paysage avec animaux, sur le premier plan; dans le fond on remarque un palais, et un jet d'eau près desquels se promènent divers personnages.

DU MÊME.

239 — Auberge en avant de laquelle se voit un saule; au premier plan un chat et un chien se montrent les dents.

TERBURG (Gérard).

240 — La toilette. Une jeune fille, vêtue d'une robe

de satin rose, se regarde dans un miroir placé sur une table à droite, près d'elle est un fauteuil; à gauche une servante apporte un plat sur lequel est un vase, dans le fond un lit dont les rideaux sont fermés. Ce tableau provient de la vente La Perrière.

HUYSMANS DE MALINES.

241 — Entrée d'un bois en avant duquel sont au premier plan un homme, une femme et près d'eux trois vaches; à droite, au-delà d'une rivière, une vaste campagne bornée à l'horison par des montagnes.

DU MÊME.

242 — Paysage montueux; à droite un chemin escarpé sur lequel sont divers voyageurs.

WYCK (Thomas).

243 — Le portrait du peintre. Il est assis, sa palette à la main, devant un de ses tableaux.

DU MÊME.

244 — Paysage. Au premier plan, un paysan monté sur un cheval; en avant un âne et un chien. Petite esquisse.

DU MÊME.

245 — Vue d'une auberge de village, à gauche

d'une rivière; au premier plan un paysan monté sur un âne, et dans le fond un cavalier.

DU MÊME.

246 — Marine. Vue d'un port. A gauche, les restes d'anciennes fortifications; à droite des matelots débarquant des ballots.

SUANEWELT (Herman).

247 — Riche paysage. Au premier plan plusieurs figures. Effet de soleil levant. Tableau de forme ovale.

DU MÊME.

248 — Paysage avec fabriques italiennes.

MEULEN (Vander).

249 — Vue d'une campagne de Flandre. A gauche sur un chemin, une voiture et des cavaliers. Jolie esquisse.

LOUTHERBOURG.

250 — Le repos du pâtre. Il est assis, ayant près de lui son chien et son troupeau composé d'une vache, d'un bouc et de cinq moutons. Bon tableau du maître.

HEEM (David de).

251 — Deux verres et divers fruits posés sur une table recouverte d'un tapis.

BRAUWER (Adrien).

252 — Intérieur d'estaminet. Hommes fumant et jouant aux cartes.

WOUVERMANS (D'après).

253 — Fête de village. A l'entrée du village sont arrêtés plusieurs voyageurs.

G. D. W.

254 — Paysage. Au premier plan, un berger, une bergère et leur troupeau passent à gué une rivière. A ce tableau les initiales sont: *G. D. W.*

KYMLY (Peintre allemand).

255 — Buste d'une jeune fille gracieusement couchée sur un sopha. Charmante peinture d'un maître dont les productions se rencontrent rarement.

ECOLE HOLLANDAISE.

256 — Chaumières, à la porte de l'une desquelles est arrêté un cheval de paysan. Tableau fin de ton.

LOCATELLI.

257 — Paysages avec figures. Deux tableaux.

DU MÊME.

258 — Cascade se précipitant à travers des rochers.

INCONNU.

259 — Saint François en prière. Tableau sur cuivre, fin d'exécution.

ECOLE ESPAGNOLE.

260 — Jeune fille vue à mi-corps, tenant des fleurs dans ses mains.
261 — Autre jeune fille aussi vue à mi-corps, la main gauche levée comme pour indiquer quelque chose.

Suite des Dessins, Gouaches, Fixés, Miniatures, par Hall, Augustin, MM. Isabey et Saint.

4ᵉ VACATION.

DESSINS.

262 — Six dessins attribués à N. Poussin, Mieris, etc.

FRAGONARD et ROBERT.

263 — Etudes, croquis, d'après des monuments de Rome. Trois feuilles couvertes chacune de plusieurs dessins.

VERNET (Joseph).

264 — Études de marine. Quatre dessins au crayon et lavés au bistre.

ROBERT.

265 — Paysages et vues de ruines. Cinq dessins à la sanguine.

266 — Paysages, fragments de monuments, colonnades. Six dessins à la sanguine.

267 — Vues de monuments de Rome, paysages, etc. Onze dessins à la sanguine, dont plusieurs en contre-épreuves.

268 — Étude prise à Rome et vues de France. Six dessins à la sanguine et au crayon, et à la sépia.

269 — Vues de jardins. Quatre dessins à la sanguine.

270 — Intérieur d'une riche colonnade en ruine. Dessin colorié.

ROBERT et autres.

271 — Vues de Rome, ruines, etc. Sept dessins à la sanguine.

272 — Vues de Rome, marines et dessins.

FRAGONARD.

273 — Sujets familiers. La famille du paysan. Dessins à la sépia.

274 — Paysages, vues de jardins. Cinq dessins à la sanguine.

275 — Études de femme. Trois dessins au crayon et à la sanguine.

276 — Etudes de paysages, jardins. Six dessins à la sanguine et à la sépia.
277 — Une mère avec ses enfants. Dessin à plusieurs crayons.
278 — Temple de la Sibylle à Tivoli. Beau dessin à la sanguine chaudement lavé à la sépia.

OUDRY.

279 — Trente-neuf dessins au crayon et à la mine de plomb, d'après Oudry, pour les fables de La Fontaine. Edition in-folio.

BOUCHER.

280 — Bergère endormie surprise par un berger, plus un paysage. Deux dessins au crayon.

WATTEAU (Ecole de).

281 — Foire de Beson, et divers essais de composition. Quatre dessins à la sanguine, dont deux sur une même feuille au recto et verso.
282 — Etudes de figures. Neuf dessins à plusieurs crayons et à la sanguine.
283 — Paysages. Neuf dessins. Etudes à la sanguine.
284 — Figures de femmes, diverses compositions. Six dessins et esquisses peintes sur papier.
285 — Gouache sur vélin. Composition de Watteau.

MOREAU (Louis).

286 — Paysages et vues de jardins. Cinq gouaches.

FRAGONARD.

287 — Paysage. Intérieur d'un parc avec cascade et une rivière, où se voit une riche gondole. Gouache d'une précieuse exécution.

BAUDOIN.

288 — La lecture. Dessin à la gouache.

HOUEL.

289 — La villa Mécène. Jolie gouache, signée Houel, 1772.

LAVREINCE.

290 — Portrait d'une jeune femme vue à mi-corps, coiffée d'un chapeau à la Paméla. Dessin lavé à l'encre.

291 — Un intérieur d'un parc, où se voit une société composée de huit personnages, les uns assis, les autres se promenant. Gouache du plus précieux fini.

GILLOT (maître de Watteau).

292 — Bacchanales, jeux d'enfants, fables de Lamothe, etc. Neuf dessins à la sanguine et au crayon.

WATTEAU.

293 — Etudes de fileuse, de femmes, de Mezzetin; têtes grotesques, et Moïse sauvé des eaux, composition pour un tableau. Cinq dessins à la sanguine.

294 — Etude de jeunes filles et une autre étude pour un tableau, dont le sujet est tiré de la Fable. Deux dessins à la sanguine.

295 — Etudes pour deux tableaux : la danse au bord de l'eau et la danse dans le bois. Deux dessins d'un grand nombre de figures aux crayons noir et rouge.

296 — Etude de tête d'homme et deux femmes dont l'une joue de la guitare. Deux dessins à plusieurs crayons.

297 — Sept têtes de femmes sur une feuille. Beau dessin à plusieurs crayons.

298 — Etudes de femmes nues, un musicien, des hommes qui déballent des tableaux, étude pour l'enseigne de Gersaint. Cinq dessins à la sanguine et à plusieurs crayons.

299 — Etudes de figures, de têtes, de pieds, de mains. Six dessins à la sanguine et à plusieurs crayons.

300 — Etudes de femmes de Gilles, etc. Sept dessins à la sanguine.

301 — Jeune fille assise, jeune homme couché près d'elle. Etude à plusieurs crayons.

302 — Deux femmes assises ; première pensée du tableau des comédiens français. Deux dessins à plusieurs crayons.

303 — Jolie étude de tête de jeune fille, le regard baissé. Dessin à plusieurs crayons.

304 — Etude de deux figures : homme assis, en costume de mezzettin, et jeune fille vêtue d'une mante.

FIXÉS ET MINIATURES.

305 — Le repos dans le bois. Charmant fixé par Lawreince.
306 — Grotte de Pausilippe. Fixé.
307 — Paysage avec cascade. Fixé par L. Moreau.
308 — Intérieur d'un couvent, peint sur métal par Bouton.

PARENT (M.).

309 — Apollon. Miniature grisaille, imitation de camée.

FRAGONARD.

310 — Tête de jeune fille.

ISABEY (M.).

311 — Marie Louise, impératrice. Signée.
311 bis. — Portrait d'homme à cheveux poudrés.

AUGUSTIN.

312 — Portrait d'homme.
313 — Portrait d'homme enveloppé d'un manteau.

SAINT (M.).

314 — S. M. le roi Louis-Philippe Ier, roi des Français, en uniforme de lieutenant-général du royaume, portrait peint d'après nature. Signé.
315 — Le même personnage en uniforme de garde national.

316 — Napoléon, empereur, en uniforme des chasseurs de sa garde. Ce portrait, peint d'après nature, est celui qui avait été envoyé à la princesse Marie-Louise lors de son mariage avec l'empereur.
317 — Charles X en uniforme de colonel de la garde nationale. Portrait d'après nature. Signé.
318 — Le même personnage en uniforme de la garde royale, frac avec brandebourgs, peint d'après nature. Signé.
319 — Le même, plus petit, même uniforme.
320 — Le même, frac de la garde nationale.
321 — Portrait du jeune prince duc de B***.
322 — Portrait du prince Jérôme Napoléon, frère de l'Empereur.

HALL.

323 — Scène de famille. Madame de ***, assise dans un jardin, porte son enfant sur ses genoux, et lui donne le sein; son époux sourit à cette scène maternelle. Cette miniature, de la plus grande beauté, est signé ; elle est richement encadrée dans un cadre en cuivre ciselé et cannelé, surmonté d'un cartouche où seize vers relatifs à ces portraits sont gravés.
324 — Portrait de Girodet : il tient à la main une palette. Signé.
325 — Têtes de jeune garçon et de jeune fille. Deux miniatures.
326 — Madame Hall, sa sœur et sa fille, vues jus-

qu'aux genoux. Belle miniature signée Hall, 1776.

327 — Mademoiselle Hall. Elle est assise, coiffée d'un chapeau à la Paméla.

328 — Mademoiselle Ledoux, élève de Greuze. Elle a près d'elle un portrait de Sully. Signé.

329 — Madame la comtesse de Provence, épouse de Louis XVIII. Signé.

330 — Portrait d'homme avec le cordon bleu.

331 — Portrait de Gustave III, roi de Suède.

332 — Portrait de Louis XVI.

333 — Jeune femme, ayant les cheveux poudrés, et portant un petit chapeau garni de fleurs.

334 — Portrait de femme ayant des fleurs dans ses cheveux et au sein; elle est tournée vers la gauche.

335 — Portrait de femme en Cérès.

336 — Portrait de femme ayant des perles dans ses cheveux et autour du cou.

337 — Portrait de jeune femme ayant des fleurs dans ses cheveux et une guirlande sur le sein.

338 — Portrait de jeune femme, des fleurs dans ses cheveux et un bouquet au sein.

339 — Portrait d'une jeune femme ayant la tête nue et des fleurs dans ses cheveux.

340 — Jeune femme vue jusqu'aux genoux; un chien vient la caresser.

341 — Portrait de jeune femme; elle tient des fleurs dans ses mains.

342 — Jeune femme ayant une rose dans ses cheveux et une à son sein.

343 — Jeune fille coiffée d'une espèce de turban; elle est dans un jardin où se voit la statue de Vénus.
344 — Portrait d'homme; la figure seule est terminée.
345 — Portrait d'enfant,
346 — Portrait d'un officier de dragons sous Louis XVI. Il est coiffé d'un casque.
347 — Portrait d'un officier de dragons. Il est signé *Hall*.
348 — Portrait d'homme, en costume de chasse, du temps de Louis XVI. Signé *Hall*.
349 — L'abbé de Saint-Phar. Signé *Hall*.
350 — Portrait d'homme. Signé *Hall*.

MINIATURES PAR DIVERS ARTISTES.

351 — Portrait de madame *** dans un souvenir en maroquin rouge, garni en or, qui a appartenu à Napoléon, empereur.
352 — Marie Leszczynska, reine de France. Miniature du temps.
353 — Louis XVI. Miniature de l'époque.
354 — Une jeune fille coiffée d'un chapeau d'amazone. Signée Vestier, 1790.
355 — Infante espagnole, vue en pied, d'après Velasquez. N'est pas achevée.
356 — Tête de femme. Miniature d'après Greuze.

357 — Portrait d'homme, époque de Louis XIV. Médaillon peint sur cuivre.
358 — François II, empereur d'Allemagne.
359 — Une jeune fille à une fenêtre ; elle tient une grappe de raisin. Miniature d'après Gérard Dow.
360 — Portrait de femme. Signé Dubois.
361 — Jeune garçon et jeune fille. Deux miniatures.
362 — Un jeune paysan.
363 — Portrait d'homme.
364 — Nymphe endormie. Peinture à l'huile.
365 — Henri IV, Rubens et une Bacchante. Trois miniatures.
366 — Cinq miniatures : une de femme et quatre portraits d'hommes, dont l'un est signé Bertrand.
367 — Femme sortant du bain et femme ôtant son masque. Deux miniatures.
368 — Deux miniatures : Vertumne et Pomone et la Charité.
369 — Portrait de Napoléon dans un cristal.
370 — Cinq peintures sur émail ; une seule, tête de femme âgée, est terminée.

Estampes d'après des Peintres et par des Graveurs de l'École Française aux XVIIe, XVIIIe et XIXe siècles.

ESTAMPES.

5e VACATION.

371 — Diverses compositions, d'après N. Poussin, Lesueur, Lebrun et autres, gravées par *Pesne* et *Audran*. Vingt pièces.

372 — La danse des bergers, d'après Claude le Lorrain, par *Le Bas*.

373 — Le matin et midi, d'après Claude le Lorrain, par *Haldenwang*, épreuves avant la lettre. *Deux pièces.*

374 — Paysages d'après Patel et autres. Cent dix pièces.

375 — Seize pièces à l'eau-forte, par *Pesne, Geyrand, N. Loir, Coypel, Boucher, Caraffe*, etc.

376 — Paysages, par *De la Hyre, Dughet, Mauperché*, sujets par *S. Bourdon, Parrocel*, etc. Trente-trois pièces à l'eau-forte.

377 — Vingt pièces, costumes par *Bosse*, diverses compositions de Lafage, C. Vanloo, etc.

378 — Paysages et sujets à l'eau-forte, par *J. Vernet, Gillot, H. Robert, Saint-Non, Houel, Hutin, Le Paultre*, et autres maîtres

français du XVIII° siècle. Quatre-vingt-deux pièces.

379 — Sujets galants, scènes villageoises, costumes du XVIII° siècle. Dix-huit pièces, d'après Aubry, Moreau le jeune, Baudoin, etc.

380 — Sujets divers, la tragédie, la comédie, d'après Coypel, Vanloo, Raoux, Jeaurat, etc. Dix pièces.

381 — Portraits de femmes, scènes gracieuses, d'après Nattier, Latour, Courtin, Wille fils, etc. Huit pièces.

382 — Vingt-six pièces à l'eau-forte, par Louis Moreau, Saint-Non, Louterbourg, etc.

383 — Divers sujets, d'après N. Cochin, par *Demarteau*. Neuf pièces.

384 — Vignettes pour les contes et les fables de Lafontaine, d'après des dessins de Eisen, Gillot, Romyn de Hooge, etc. Deux cent quarante-trois pièces.

385 — Vingt-neuf vignettes françaises, d'après des dessins de Moreau le jeune, Gravelot, Eisen, etc.

386 — Vignettes françaises, par Eisen, Duplessis-Bertaux, etc. Cinquante-huit pièces.

387 — Salon d'exposition de 1785 et 1787. Deux pièces, par *Martini*, rares.

388 — Eaux-fortes de maîtres français du XIX° siècle, Enfantin, D. Bertaux, Dunouy, Boquet, etc. Quatre-vingts pièces.

389 — Paysages et sujets divers. Vingt-sept pièces gravées à l'eau-forte, par MM. Berthault,

Hubert, E. Wattier et autres artistes au XIXe siècle. Plus un premier essai de lithographie en 1807.

390 — Pièces détachées de la galerie du Palais-Royal, par *Couché*, épreuves tirées avant la lettre, avant les cadres. Cent onze pièces.

391 — Statues antiques du Musée royal. Vingt-quatre pièces, dessinées et gravées par *Bouillon*.

SAINT AUBIN (D'après).

392 — Le Bal paré, le Concert et le couronnement de Voltaire sur le théâtre Français. Trois pièces.

BOISSIEU (J.-Jacques).

393 — Les petits tonneliers; entrée de forêt; épreuves avant l'astérisque. Deux pièces.

394 — Suite de dix paysages, dont deux d'après Ruysdaël, etc. Autres sujets. Treize pièces.

BOUCHER (D'après François).

395 — Scènes pastorales d'après des tableaux et dessins. Vingt-deux pièces.

CALLOT (Jacques).

396 — Suites de l'Ancien et du Nouveau-Testament, la vie de la Vierge, lumière du cloître, parterre de Nancy, les misères de la guerre, les petites misères, le massacre des Innocents, les baillis, la noblesse, les caprices

et autres suites. Cent dix pièces dans un volume oblong et deux cent neuf pièces en feuilles. Cet article sera divisé.

CHARDIN (D'après).

397 — Divers sujets familiers. Seize pièces par différents graveurs, d'après les plus jolis tableaux de ce maître.

DEMARNE.

398 — Le naufrage; différentes scènes villageoises, la bergerie, l'abreuvoir, des vues de prairies et de lieux champêtres, et des paysages avec figures et animaux, morceaux gravés à l'eau-forte par Demarne, en tout 268 pièces dont plusieurs doubles avec différence. Cet article sera divisé.

DREVET fils (Pierre).

399 — Portrait de Bossuet, d'après Rigaud. Superbe épreuve avant les points.

DUGHET dit le GUASPRE (Gaspard).

400 — Paysages, n°s 5 à 8, les n°s 5 et 7 doubles. Six pièces avant les adresses de Mauperché. Il sera fait un lot séparé des deux doubles.

EDELINCK (Gérard).

401 — Sainte Famille, d'après Raphaël.
402 — Portrait de Martin Vandenbogaert, sculpteur, d'après Rigault. Belle épreuve avant l'adresse de Drevet.

FLAMEN (Albert).

403 — Martyre de saint André (n. 6). Les commandements de Dieu et de l'Eglise, suite de quinze estampes. Le Symbole des apôtres, suite de douze estampes. En tout vingt-huit pièces. Les n°˙ 6 des commandements de Dieu et 1 des commandements de l'Eglise sont doubles.

404 — Emblèmes à la gloire du Saint-Sacrement de l'Eucharistie, cent une pièces. Devises emblèmes d'amour, cinquante pièces. En tout, cent cinquante-une pièces.

405 — Devises et emblèmes d'amour moralisés, gravés à Paris, par A. Flamen. Paris, 1653, in-12, v. 101 pl.

406 — Le même ouvrage, édition de 1672, in-12, v.

407 — Orpheus eucharisticus, etc. Parisis, 1657, in-8, v., 101 pl. par Flamen.

408 — Disposition de la milice de Paris lorsqu'elle parut devant leurs Majestés, le 23 août 1660. (372) Le bœuf. (n° 385) Différents tombeaux 2 à 6. (Le n. 1 manque.) Sept estampes.

409 — Paysages des environs de Paris, suite de douze estampes, n. 504 à 515.

410 — Autre suite, moins les n. 509, 511, 512, 513. Sept estampes.

411 — Vues gravées d'après Israël Silvestre, n. 516 et 519. Différentes vues, 520 à 523.

412 — Vues de Longuetoise, 524 à 535.
413 — Différentes vues, 536 à 541. Différentes vues, paysages, n. 561 à 566, de plus la porte Saint-Antoine.
414 — Doubles de toutes ces suites. Quarante-sept estampes.
415 — Trois suites de poissons de mer, et deux suites de poissons d'eau douce. Soixante pièces. Dans la deuxième partie six sont avant les numéros.
416 — Divers poissons de mer et d'eau douce, n. 475 à 480, plus le n. 479 double.
417 — Dix-huit pièces doubles des cinq premières suites.
418 — Les mêmes suites; il manque une pièce dans la dernière et deux autres sont doubles. En tout soixante-huit pièces.
419 — Livres d'oiseaux, dédiées à Gil. Foucquet. Douze pièces. Très belles épreuves avec toute marge.
420 — La même suite.
421 — Dix-sept pièces détachées de cette suite, plusieurs sont doubles.
422 — Diversa anium specie... etc. 1659. Treize pièces. *Van Merlen exc.*, le n. 6 double.

FRAGONARD (Honoré).

423 — M. Fafan et l'armoire. Deux pièces à l'eau-forte, la dernière avant la lettre.

FRAGONARD (D'après).

424 — Le verrou. Le contrat. Dites s'il vous plaît. L'escarpolette. La bonne mère. La fontaine d'amour, etc. Vingt pièces, d'après les plus jolies compositions de ce maitre, gravées par *Delaunay* et autres.
425 — Contes de Lafontaine, par Monnet, Fragonard et autres. Vingt pièces, épreuves avant la lettre.

CLAUDE LE LORRAIN (Claude Gellée dit)

son œuvre gravée à l'eau-forte.

426 — La fuite en Egypte, n. 1. (Catalogue de M. Robert Dumesnil.) Premier état.
427 — L'apparition, n. 2. Premier état.
428 — Le passage à gué, n. 3. Premier état.
429 — Le troupeau à l'abreuvoir. Premier état.
430 — La tempeste, n. 5. Premier état.
431 — La même estampe. Troisième état.
432 — La même, deux épreuves. Du cinquième état.
433 — La danse au bord de l'eau, n. 6. Premier état. Rare
434 — Le naufrage, n. 7. Premier état.
435 — La même estampe. Deuxième état.
436 — Le bouvier, n. 8. Deuxième état superbe.
437 — La même estampe. Même état.
438 — Le dessinateur, n. 9. Deuxième état.
439 — La même estampe. Deuxième état.

440 — La danse sous les arbres, n. 10. Deuxième état.
441 — La même estampe. Quatrième état.
442 — Le port de mer au fanal, n. 11. Troisième état.
443 — Scène de brigands, n. 12. Premier état. Rare.
444 — La même estampe. Deuxième état.
445 — La même. Troisième état.
446 — Le port de mer à la grosse tour, n. 13. Deuxième état.
447 — Le pont de bois, n. 14. Deuxième état.
448 — Le soleil couchant, n. 15. Premier état. Rare
449 — La même estampe. Troisième état.
450 — Le départ pour les champs, n. 16. Très belle, mais sans marge.
451 — Mercure et Argus, n. 17. Deuxième état.
452 — Le troupeau en marche par un temps orageux, n. 18. Premier état.
453 — Le chevrier, n. 19. Deuxième état.
454 — Le temps, Apollon et les saisons, n. 20. Premier état, le fond sale.
455 — La même. Même état.
456 — Berger et bergère conversant, n. 21. Premier état, taché d'huile.
457 — La même. Deuxième état.
458 — La même. Deuxième état.
459 — La même. Deux épreuves du quatrième état.
460 — L'enlèvement d'Europe, n. 22. Premier état, le fond sale.
461 — La même. Premier état, le fond nettoyé.
462 — La même. Epreuve du troisième état.

463 — Le Campo Vaccino, n. 23. Quatrième état. Rare.

    Nota. Il y a une épreuve de plus du n° 23.

464 — La même estampe. Cinquième état et une contre épreuve.

465 — Le pâtre et la bergère, n. 25. Premier état.

466 — Les trois chèvres, n. 26. Premier état.

467 — Les quatre chèvres, n. 27. Premier état.

468 — Feux d'artifices, n. 29, 33, 36, et 38. Cet article sera divisé.

469 — Griffonnements, n. 30, 40 et 41. Trois pièces.

469 bis. — Une pièce sans numéro. Fort rare. De plus, deux portraits sur une même feuille.

469 ter. — Essais, et le n° 1 de la suite en Egypte. Sept pièces.

GREUZE (D'après J.-B.).

470 — L'enfant gâté. L'oiseau mort. La voluptueuse. La cruche cassée, etc., quinze pièces d'après les plus jolis tableaux de Greuze.

INGRES (M.).

471 — M. de Pressigny, évêque. Pièce rare gravée à l'eau-forte.

LANCRET (D'après).

472 — Mademoiselle Camargot. Mademoiselle Sallé et mademoiselle Dangeville la jeune et Granval, Comédiennes et comédien. Quatre belles pièces gravées par *Lebas* et *Laurent Cars*.

LEPRINCE (Jean-Baptiste).

473 — Cent quarante-neuf pièces de son œuvre, gravées à l'eau-forte et à la manière noire.

LECLERC (Sébastien).

474 — La Passion de Jésus-Christ. Trente-cinq pièces. *Il Pastor fido.* Six pièces. *L'adone del Marina.* Dix-neuf pièces. *Aminta Favola Boscariccia.* Huit pièces, et divers autres sujets, en tout cent quarante-deux pièces.

MAUPERCHÉ (Henri).

475 — Paysages avec épisodes de l'Ancien et du Nouveau-Testament. Cinquante-une pièces.

MORIN (Jean).

476 — Paysages et marines, d'après Claude le Lorrain, Polemburg, Fouquière, etc. Vingt-huit pièces à l'eau-forte.

477 — Paysages et ruines. Neuf pièces d'après Polemburg et Fouquière.

MONTAIGNE.

478 — Paysages et marines, gravés à l'eau-forte. Quarante-six pièces belles et plusieurs doubles avec différence. Cet article sera divisé.

479 — Paysages et marines. Vingt-trois pièces gravées à l'eau-forte.

NORBLIN.

480 — Sujets divers gravés à l'eau-forte à l'imitation de Rembrandt. Quatre-vingt-douze

pièces, dont plusieurs doubles avec différence.

OUDRY.

481 — Le chien d'arrêt. Belle et rare épreuve avant la lettre.

PERIGNON (Nicolas).

482 — Diverses suites de paysages; plusieurs doubles avec différences. Cinquante-huit pièces gravées à l'eau-forte. Plusieurs de premier état, eau-forte pure.

PRUD'HON (P. Paul).

483 — La famille malheureuse, lithographie par Prud'hon. Euphrosine et Mélidor. Vignettes d'Aminta, etc. et diverses pièces, gravées par *Copia* et *Roger*, d'après Prud'hon, dont plusieurs fleurons rares. Dix-huit pièces.

484 — La justice divine poursuivant le crime, par M. *Gelée*, d'après *Prud'hon*.

484 bis. — Zéphir, gravé d'après *Prud'hon*, par M. *Laugier*.

SILVESTRE (Israel).

485 — Vues d'Italie, de France et autres, telles que villes, bourgs, villages, antiquités, église, monastères, palais, châteaux, etc. Deux cent soixante-quinze pièces.

VATTEAU (Antoine).

486 — Son œuvre en quatre cent quatre-vingt-deux

pièces, dont plusieurs gravées à l'eau-
forte par lui, telles que la troupe italienne,
les costumes de modes, etc.; les autres
sujets sont gravés d'après ses tableaux et
dessins, par *B. Audran*, les *Tardieu*,
Thomassin, *Larmessin*, *Le Bas*, *de Cay-
las*, et autres bons graveurs ses contemporains.

Toutes les pièces qui composent cet œuvre qu'il serait bien difficile de rassembler
aujourd'hui, rappellent toutes les plus gracieuses compositions et les plus beaux tableaux de Watteau. Toutes les épreuves
de ces estampes sont belles; plusieurs
sont doubles avec différence.

187 — Figures de différents caractères, de paysages et études dessinées d'après nature, et gravées à l'eau-forte par les
plus habiles graveurs du temps, et tirées
des plus beaux cabinets de Paris. In-fol.
v. jaspé, 350 pl. Bel exemplaire d'un
recueil très rare.

188 — Le premier volume du même ouvrage, contenant 132 planches. In-f° cartonné.

6ᵉ VACATION.

Portraits, Estampes modernes, Lithographies et Eaux-Fortes de l'École Hollandaise.

PORTRAITS.

490 — Portraits de personnages contemporains, souverains, généraux, artistes, d'après David, Girodet, Gérard, etc., gravés et lithographiés par *Dickinson, Laugier*, etc.

491 — Portrait de Scaramouche, ancien acteur; pièce rare gravée à l'eau forte; deux épreuves, l'une avec le *texte italien*; la deuxième, avec l'Almanach pour l'année 1664. Très-rare.

BERTAUX (Duplessis).

492 — Costumes d'acteurs de la Comédie française avant 1800. Vingt pièces, plus le portrait de Mme Joly, actrice.

EDELINCK (Gérard).

493 — Verien, épreuve avant la lettre. Joli portrait.

491 — Tortebat, peintre, Perrault, Poisson, comédien, etc. Six pièces, par Edelinck, plus la reine de Pologne, par Chereau.

495 — Divers portraits gravés par Edelinck, Nanteuil, Schmidt, Chereau, etc.; vingt-quatre pièces.

FIQUET.

496 — Montaigne, Corneille, Mme de Maintenon, Chenevière, Fénelon et Eisen; ce dernier avant la lettre : six portraits.

497 — Van-Dyck et Rubens, et cinq autres portraits pour l'ouvrage de Descamps.

LARGILLIÈRE (d'après).

498 — Titon du Tillet, P. d'Hozier, prince de Rohan, N. Lambert, Maria de Serre, etc. Six pièces.

MORIN.

499 — Henri II, roi de France, n° 52, Franque, peintre, 59, et Antoine Vitré, 88. En tout trois pièces, belles épreuves.

RIGAUD (d'après Hyacinthe).

500 — Son portrait et divers autres personnages, gravés par *Dreret*, *Edelinck* et autres. Neuf pièces, belles épreuves.

ESTAMPES MODERNES
GRAVÉES AU BURIN. XVIII SIÈCLE.
ALLAIS.

501 — La leçon d'Henri IV, d'après Fragonard; épreuve avant la lettre sur papier de Chine.

BERVIC.

501 bis. — L'Innocence, d'après Mérimée.

CARON (M. Adolphe).

502 — Portrait de Madame la duchesse de Berry, gravé en 1829, d'après Gérard.

DESNOYERS (M.)

503 — La Belle Jardinière, d'après Raphaël, très-belle et ancienne épreuve.

504 — La Vierge au Donataire, dite de Foligno, d'après Raphaël, très-belle épreuve.

505 — La Visitation, d'après Raphaël.

506 — Bélisaire, d'après Gérard, ancienne épreuve.

GARNIER (M.)

507 — Tombeau de Napoléon à Sainte-Hélène, d'après Gérard; épreuve sur papier de Chine.

GELÉE (M.)

508 — Rebecca, d'après Coigniet, épreuve avant la lettre, sur papier de Chine.

GÉRAULT (M.)

509 — Henri IV, Gabrielle et Sully, d'après Fra-

gonard, épreuve avant la lettre, sur papier de Chine.
510 — Gabriel de Vergy, d'après M. Monvoisin ; épreuve avant la lettre.

GIRARD (M. F.)

511 — L'Archange Michel, d'après M. Paul Delaroche.

GIRARDET (Abraham).

512 — Le Camée de la Ste-Chapelle, divers portraits et sujets, par des graveurs modernes. Vingt-une pièces.
513 — Vignettes françaises, ving-neuf pièces pour divers ouvrages : Molière, Rousseau, etc., par Girardet, Bosq, Pauquet et autres graveurs.

GMELLIN.

514 — Le Temple de Vénus et le moulin : deux pièces d'après Claude Lorain.

LAUGIER (M.)

515 — Daphnis et Chloé, d'après M. Hersent.
516 — La Vierge et sainte Anne, d'après Léonard de Vinci, épreuve avant la lettre.

LIGNON.

517 — Mlle Mars, d'après Gérard; épreuve avant la lettre.

MULLER (Jean-Gothard).

518 — Portrait de Madame Lebrun ; épreuve avant la lettre.

MULLER (M. Henri).

519 — Psyché enlevée par les Zéphirs, d'après Prud'hon; épreuve avant toutes lettres sur papier de Chine.

PRÉVOST (M.)

520 — Louis XIV bénissant son petit-fils, d'après Mme Hersent; épreuve avant la lettre.

PRUD'HOMME (M.)

521 — Scène de la Saint-Barthélemi, d'après M. Paul Delaroche.

REGNAULT.

522 — La Fontaine d'Amour, d'après Fragonard.

RICHOMME (M. Joseph).

523 — Les Cinq Saints, d'après Raphaël, épreuve avant toute lettre; les noms d'auteurs à la pointe.

TARDIEU (Alexandre).

524 — Ruth et Booz, d'après M. Hersent. Épreuve avant la lettre.

525 — Le comte d'Arrondel, d'après Van-Dyck.

LITHOGRAPHIES.

PAR DIVERS ARTISTES.

526 — *Bonnington.* Ruines et fragments du moyen-âge; neuf pièces lithographiées.

527 — *Bellangé* (M). Croquis lithographique pour 1823, 1824, 1825; quarante-six pièces.
528 — *Charlet.* Divers croquis lithographiques; quatre-vingt-huit pièces.
529 — *Fragonard.* Sujets de l'Histoire de Psyché, le Récit, le Combat de la Flûte, etc.; cinq pièces lithographiées, par Barathier, une gravée.
530 — *Géricault.* Chereau, huit pièces lithographiées.
531 — Albums lithographiques pour 1819, 1820, 1823 et autres années; contenant des lithographies de MM. Hersent, Horace Vernet, Gros, Guérin, Géricault, Bourgeois, Vauzelle, etc.; quatre-vingt-sept pièces publiées par la maison Delpech. Cet article sera divisé.
532 — La Vie d'une Jeune Fille, scènes populaires, etc.; caricatures p*Pigal*; quarante-cinq pièces lithographiées et coloriées.
533 — Etudes de têtes de fantaisies, sujets, paysages, marines, etc. Dix-sept pièces lithographiées, par *MM. Charlet, Gudin, Barathier,* etc.
534 — Etudes de têtes gravées et lithographiées d'après Gérard, Girodet et autres maîtres anciens et modernes, par *Girard, Chatillon, Noël Bertrand,* etc.
535 — Divers portraits, dont ceux de MM. Denon, Talma, Nanteuil, Spontini, Pasquier, Men-

jaud, mademoiselle Doze, etc. Neuf pièces lithographiées par Grevedon et autres, plus le portrait de M. de Lamartine, gravé par Girard.

536 — Portraits de personnages contemporains, artistes, peintres, artistes dramatiques, etc., vingt-neuf pièces lithographies, plusieurs inédites, par *M. Grevedon* et autres.

537 — Portraits, sujets, fac-similes de dessins de David. Vingt-trois pièces lithographiées et gravées.

538 — Vues des Pyrénées. Vingt-quatre pièces lithographiées par *mademoiselle Sarrazin de Belmont*.

539 — Voyage en Dauphiné, par Blery, 2 liv. in-f°, plus une mosaïque découverte à Pompeï. Planche coloriée.

ÉCOLE ALLEMANDE, JLAMANDE ET HOLLANDAISE.

540 — Trente-sept pièces par et d'après Albert-Durer, G. Penz, Théodore de Bry et autres.

541 — Divers sujets de fantaisies, gravés par Meyer et autres

542 — Kermesse flamande, d'après Rubens, par Fessard.

543 — Sujets et paysages, tabagies, animaux, etc., gravés au burin d'après Ostade, Ruysdael,

Rembrandt, Berghem, G. Dow, Van de Velde, etc., par Levasseur, Varin, Garreau, Romanet, etc. Cinquante-deux pièces. Cet article sera divisé.

544 — Sujets divers, paysages, intérieurs, d'après Téniers, Wouwermans, Van de Velde, Berghem, Van der Neer. Vingt-cinq pièces gravées au burin, par *Lépicié*, *Le Bas*, etc.

545 — Intérieur d'estaminet, scènes champêtres, gravés d'après Teniers, par *Le Bas* et autres.

546 — Vingt-neuf pièces, paysages à l'eau-forte, par *Van der Cabel*, *Genoëls*, *Francisque*, etc.

547 — Paysages et animaux, d'après Berghem, Paul Potter. Quinze pièces gravées à l'eau-forte, par *Danckertz* et *Marc de Bye*.

548 — Sujets et animaux. Vingt-deux pièces à l'eau-forte, par *Al. Cuyp* et *Th. Wick*. Cet article sera divisé.

549 — Paysages et animaux, par *Stoop*, *Boël*, etc. Vingt-quatre pièces.

550 — Paysages et animaux, par *Stoop*, *Moucheron*, *Van Uden*, etc. Neuf pièces.

551 — Paysages et animaux, batailles, à l'eau-forte, par *Stoop*, *François de Neue*, *Hucthembourg*, etc. Dix-huit pièces.

552 — Paysages gravés à l'eau-forte, par *Echard* et autres artistes allemands. Trente et une pièces.

553 — Paysages, intérieurs, etc. Six pièces à l'eau-forte, par *Van Steen, Major,* etc.
554 — Les charlatans, par Reinesse, clair de lune, par Teniers. Deux pièces à l'eau-forte.
555 — Animaux par *Fyt* et *Van Heck e*, et paysage par *Van Boom*.

AKEN (Jean Van).

556 — Les chevaux 1, 2, 3 (le 4 manque), 5 et 6, plus les n. 3 et 5 copies. Différents paysages, les n. 7, 8, 9, 10, 11, 14, 17. Vues du Rhin, n. 18 et 20, plus sept doubles. En tout vingt et une pièces. Les doubles seront vendus à part.

BEGA (Corneille).

557 — Vingt pièces à l'eau-forte, dont trois sont des doubles qui seront vendus à part.

BERGHEM (Nicolas).

558 — La vache qui s'abreuve, n. 6 deux épreuves, une avant l'adresse de Schenck. Divers animaux, 2, 10, 12, 14, double avant le *cum privilegio*, 15, 16, 23, 29, 33, 36, 40, 44, 46, 50, 52, 53, 54, 55, 56, et le pâtre jouant de la flûte; en tout cinquante-sept pièces à l'eau-forte, anciennes épreuves. Cet article sera divisé.

BOUT (Pierre).

559 — Les chasseurs, deux épreuves ; les patineurs, trois épreuves ; les marchands de poissons, deux épreuves ; la jetée. Huit estampes. Cet article sera divisé.

BOTH (Jean).

A gravé à l'eau-forte.

560 — Suite de paysages, dont quatre en hauteur (1 à 4), très belles épreuves avec l'adresse de *Matham excudit*. — Autre suite de six paysages en largeur (5 à 10), premières épreuves avant le nom de *Both fecit*. Cette suite de dix pièces est très rare à trouver réunie.

561 — Un double du n. 1. Epreuve d'un premier état non décrit avant l'adresse de Matham, et d'eau-forte pure.

562 — Les cinq sens, gravés d'après André Both. Très belles épreuves avant l'adresse de *de Wit*, et avec le tracé des lettres apparent.

563 — Doubles des paysages en largeur, n. 5, 8, 9 et 10 avant le nom de Both.

564 — Doubles des n. 4, 7, 8, 9 et 10, avec les adresses de Mariette.

BREEMBERG (Bartholomée).

565 — Paysages n. 1, 2, 4, 5, 7, 8, 9, 10, 11, 13, 14, 16, 17, 20, 21, 22, 23. Seize pièces.

566 — Paysages n. 1, 2, 8, 9 double, 10, 13, 14 double avec la copie, 16, 21, 22, 23. Douze pièces.

DUJARDIN (Carle).

567 — Son œuvre, gravé à l'eau-forte, moins la planche 52e et dernière.

568 — Les n. 3, 5, 6, 9, 28, 30 et 42, belles et rares épreuves avant les numéros. Cet article sera divisé.

DIETRICY.

569 — Paysages, douze pièces; plus quinze paysages gravés à l'eau-forte par divers maîtres allemands.

DU SART (Corneille).

570 — Fête de village, et le charlatan. Deux pièces à l'eau-forte.

DYCK (Antoine Van).

571 — Le Christ aux roseaux, morceau capital gravé à l'eau-forte, première et superbe épreuve avant les mots *aqua forti*.

572 — La même estampe, épreuve avec les mots *aqua forti* et le *cum privilegio*.

573 — Le Titien considérant sa maîtresse, d'après le Titien. Pièce gravée à l'eau-forte par Van Dyck. Epreuve avec le nom du Titien et l'adresse de Bon Enfant.

574 — La même estampe. Epreuve avec l'adresse de Bon Enfant effacée.

575 — La même estampe, quatrième état, avec à Paris, chez Pierre Mariette.

576 — Breughel le Vieux (Pierre), dit le Drôle. Première épreuve avant la lettre.

577 — Le même portrait de l'édition de G. H.

578 — Breughel dit de Velours (Jean). Première épreuve avant le fond et la lettre.
579 — La même épreuve avant la lettre.
580 — Le même portrait de l'édition de G. H.
581 — Dyck (Antoine Van). Première et très rare épreuve, la tête seulement est gravée. Cette planche a été terminée par J. de Neeff, et fait le titre de l'iconographie de Van Dyck.
582 — Erasme (Didier) de Rotterdam. Première épreuve avant la lettre.
583 — Le même portrait avec la lettre. Belle épreuve
584 — Franck (François), peintre. Première épreuve avant la lettre et le trait carré qui entoure la composition.
585 — Le roi (Philippe) seigneur de Ravels, grand amateur de tableaux, portrait dans un ovale. Trois épreuves, la première, la tête seulement et une coulure d'eau-forte ; la deuxième épreuve, la coulure d'eau-forte a disparu ; la troisième épreuve, terminée au burin et les angles gravés, mais avant toutes lettres et avant la chaine sous le manteau.
586 — Monper (Josse) d'Anvers, peintre. Première épreuve avant toute lettre.
587 — Le même portrait, aussi avant la lettre, retouché au bistre, peut-être de la main de Van Dyck.
588 — Le même portrait avec la lettre. Belle épreuve.

589 — Oort ou Noort (Adam Van). Première
épreuve avant toute lettre.
590 — Le même portrait avec la lettre.
591 — Pontius ou Dupont (Paul) d'Anvers, gravure au burin. Première épreuve avant toute lettre.
592 — Le même portrait. Epreuve avec la lettre, mais avant les travaux rentrés au burin.
593 — Snellinx (Jean) de Malines, peintre. Première épreuve avant la lettre.
594 — Le même portrait avec la lettre.
595 — Snyders (François) d'Anvers, peintre de chasse. Première épreuve, la tête seulement de gravée.
596 — Suttermans (Juste) d'Anvers, peintre. Première épreuve avant la lettre, le fond chargé de barbe.
597 — Le même portrait avec la lettre.
598 — Vos (Paul de) d'Ulst, peintre de bataille. Première épreuve avant la lettre, avec toute marge.
599 — Vorsterman (Lucas) de Gueldres, graveur au burin. Première épreuve avec le fond blanc et avant la lettre; elle est rognée, mais elle laisse voir le témoin.
600 — Le même portrait avec la lettre.
601 — Wael (Jean de) d'Anvers, peintre. Première épreuve avant toute lettre. Le bras a manqué à l'eau-forte.

602 — Le même. Epreuve avant la lettre. Le bras est remordu à l'eau-forte.

603 — Trois épreuves avec la lettre, une de l'édition de G. H.

604 — Triest (Antoine), évêque de Gand. La tête gravée par Van Dyck, le reste de la planche terminée par P. de Jode. Première épreuve avant le nom de P. de Jode.

VAN DYCK (d'après).

605 — Par BOLSWERT : Sébastien Vranck, Martin Pepyn, Abr. Brauwer, J.-B. Barbé.

Par P. DE JODE : Artus Wolfaert, P. Halmalius, E. Puteanus, Cor. Poelemburg, Adam de Coster.

Par PAUL PONTIUS : Paul Pontius, Isaac Mytens, Theo. Vanlonius, Simon de Vos, Théod. Romboust, G. Honsthorst, G. Seghers, Adrien Stalbent, H. Steenwyck, J. Wildens, P. P. Rubens, H. Van Balen, J. de Breuck, C. Van der Geest, J. Waverius, Al. Saglia.

Par WOERRS : Inigo Jones, Jean Livens.

Par WORSTERMAN : N. F. de Peirese, P. Stevens, Ant. Cornelisens, J. de Monper, Corm. Schut, Th. Galle, H. Van den Eynden, J. Callot, W. Coeberger, C. de Vos, C. Sachtleven, Ant. Van Dyck, C. de Mallery, P. de Jode, etc. En tout quarante-deux portraits, épreuves avant les noms du graveur et avec l'adresse de Martin Van Enden. Cet article sera divisé.

VAN DYCK (d'après).

606 — Par BOLSWERT : Marguerite de Lorraine, Juste Lipse, prince d'Aremberg.

Par P. DE JODE : J. de Cachopin, duc Albert, Théodore Tuldens, Colins de Nole, J. Jordaens, E. Puteanus, Catherine Howard, marquis d'Havré, Geneviève d'Urphé.

Par PAUL PONTIUS : Palamedes, Gaspard de Ravestyn, Hugens, D. de Columna, Don Alvard Bazan, Frockas Pingra, Aubertus Miræus, Philippe de Gusman, Marie de Médicis, Gustave Adolphe.

Par WOERST : Simon Vouet, R. Van Woerst.

Par VOSTERMAN : duc d'Orléans, Van Milder, Spinola, Horace Qentilesci, Lucas Van Uden.

Par HONDIUS : Michel Mirevelt, Jean baron de Tilli, etc. Trente-quatre portraits, belles épreuves de l'édition de Martin Van Enden. Cet article sera divisé.

VAN DYCK (d'après).

607 — Par BAILLEU : M. Mirevelt. Un portrait d'homme, avant la lettre. Par P. DE JODE : Adam de Coster, avant la main terminée. Par STOCK : Pierre Snayers. Par J. PAYNE : I. Symen. Par CLOUET : Honoré d'Urphé.

Par WOERST :., ... et Anna de Wake,
et Ph. Le Roy. En tout huit portraits
avant la lettre. Rares. Cet article sera
divisé.

7ᵉ VACATION.

Suite de l'École Hollandaise. — École Anglaise, Vignettes, etc.

VAN DYCK (d'après), par divers graveurs.

608 — Portraits du duc de Buckingham, par Marc-Ardell, et des autres portraits,
609 — La famille du comte de Naussau, par Baron.
610 — Charles 1ᵉʳ et sa famille, par Baron.
611 — Dix portraits par *Bolswert*, *Clouet* et *Couchet*.
612 — Cinq portraits par *Bailleu* et *Bloteling*.
613 — Huit portraits en pied, au burin et à la manière noire, d'après Van Dyck, par *Van Gunst* et *Earlom*.
614 — Sept portraits par *C. Galle*.
615 — Quatorze portraits par *Hollar*, *Ferdinand*, *Lisebetius* et *Lauwers*.
616 — Cinq portraits par *Houbraken*.
617 — Dix-neuf portraits par *Pierre* et *Arnold de Jode*.
618 — Douze portraits dits les comtes et comtesses, par *P. Lombart*.
619 — Treize portraits par *Lomelin* et *Léonard*.
620 — Charles 1ᵉʳ et sa famille, par *Massard*. Deux épreuves, une est avant la lettre.

621 — Bentivolius, comtesse de Bossue, et Marguerite Lemon. Trois portraits par *Morin*.
622 — Douze portraits par *Matham*, *Meyssens* et *Neeffs*.
622 bis — Portraits d'Hondicus, de Miche Mirevelt et de Franck le jeune, par *Hondius*; le dernier portrait est avant le nom du graveur.
622 ter. — Portrait de Philippe Leroy, par Paul Nos; deux épreuves, avec différences, avant la lettre.
623 — Langlois dit ciartre, par *J. Pesne*.
624 — Vingt portraits, par *Pontius*.
625 — Le comte d'Arrondel, par *Tardieu*.
Trois épreuves, dont une avant toute lettre, une autre avec le titre en lettres anglaises, et la troisième avec la lettre. Cet article sera divisé.
626 — Cinq portraits par *Snayers*, *Vaillant* et *Vertue*.
627 — Les enfants du comte de Stafford, la famille d'Arrondel et la famille de Pembrooke.
Trois pièces gravées d'après Van Dick, par *Vertue*, elles sont belles et rares. Cet article sera divisé.
628 — Deux portraits par *Vermeulen*.
629 — Deux portraits par *C. Visscher*.
630 — Deux portraits, dont celui de Charles Ier et Henriette de France, par *Voerst*. Rare.

631 — Onze portraits par *Prenner*, *Voerst* et autres.
632 — Cinq portraits par *Waumans*.
633 — Quarante-six portraits d'après Van-Dick, par divers graveurs, *Barras*, *Boissieu*, etc. et autres, détachés de divers ouvrages et galeries. Cet article sera divisé.

EVERDINGEN (Albert).

634 — Son œuvre, composée de cent deux morceaux (manque à cette suite les nos 3, 42, 81 91 et 103), anciennes et belles épreuves.
635 — Double de l'œuvre ci-dessus, avec le n° 91 en plus: nos 7, deux épreuves; 17, deux épreuves, avec différences de tirage; 18, double id.; 23, id.; 30, double id; 40, double; 41, double; 43, double; 44, double avec différence; 47, double; 48, double; 49, double; 50, trois épreuves avec différence; 57, double idem; 61, premier état; 65 et 66, idem; 64, double avec différence; 67 et 68, double avec différence; 71, double; 75, double; 79, double; 82, double; 83, trois épreuves; 84, premier état; 85, double avec différence; 87 et 89, double idem; 90, trois épreuves; 92, double avec différences; 93, trois épreuves, une du premier état; 94, double avec différences; 96, épreuve d'eau-forte pure;

99, double ; en tout 66 pièces. Cet article sera divisé.

HOLLAR (Wenceslas).

636 — Portraits, costumes et paysages d'après le Titien, Breughel, Van-Avont, etc. Trente-quatre pièces.

LAER (Pierro).

637 — Son œuvre en vingt estampes à l'eau forte, moins les n°° 15 et 16 qui manquent, en plus, les n°° 17, 18, 19 et 20 doubles, et une pièce non décrite dans Bartsch ; en tout, vingt-quatre pièces.

MAES.

638 — Etudes de soldats. Huit pièces à l'eau forte.

MOOR (Carlo de).

639 — Portrait de Mieris. Épreuve avant la lettre. Rare.

DU MÊME.

640 — Portrait de Jean Van-Goyen. Très rare.

NAIWINX (Jean).

641 — Suites de paysages n°° 1 à 16. Belles épreuves avec *Clément de Jonghe excudit*.

642 — Doubles de la première suite, n°° 1 à 8.

OSTADE (Adrien Van).

Son œuvre gravée à l'eau forte.

643 — Deux différents portraits d'Ostade, l'un d'après lui et l'autre d'après C. Du Sart,

gravés en manière noire par Jean Gole, et un portrait par Coclers.

Première classe. Bustes. Les n°° 1 et 2 (de Bartsch), trois épreuves de chaque, deux en premier état avant le trait carré; n° 3, deux différentes épreuves; n° 4, trois épreuves, une première avec le fond teinté.

Deuxième classe. Sujet de demi-figures. N°° 5, deux épreuves avec différences; 6 et 7, deux épr.; 8, deux épr.; 9, deux épr.; 10, deux épr.; 11, deux épr.; 12, deux épr., une avant le trait carré; 13, deux épr., une avant le trait carré; 14, deux épr.; 15, deux épr., la seconde plus travaillée; 16 et 17, deux épr., la première le trait du haut n'est pas marqué; 18, trois épr.; 19, cinq épr.

Troisième classe. Figures entières. N°° 20, deux épreuves; 21, deux épr., une avant le trait carré; 22, deux épr., une avant le trait carré; 23, deux épr., une avant les contretailles sur la poutre, et une tache d'eau forte près du dos de la femme; 24, avant le trait carré; 24 *bis*, trois épr., avec différences; 25, quatre épreuv.; 26, deux épreuv., la première est avant le trait carré, et avec le fond sale des barbes de la planche; 27, trois épr., la première avant partie des ombres rentrées au burin et avant la contretaille sur le toit de la chaumière, la

deuxième plus travaillée, la troisième les
petits arbres du fond changés ainsi que le
pignon de la maison ; 28 et 29, trois épr.,
la première eau forte pure, les deux autres
plus travaillées ; 30, cinq épr., la première le fond blanc, la deuxième le fond
teinté mais avant les planches indiquées
sous la table, la troisième avec les planches de cet état, trois épr.; 31, avant le
trait renforcé; 32. deux épr., une première, avec le bonnet du peintre plus
élevé, elle est rognée; 33, deux épr.; 34,
trois épr., une première où le paysan a
une calotte sur la tête ; 35, mal conser-
vée ; 36, deux épr. avant le trait carré
renforcé, une chargée de barbe ; 37, deux
épr. avant le trait carré renforcé ; 38,
deux épr.; 39, deux épr., une chargée de
barbe ; 40, trois épr.; 41, trois épr., premier, deuxième et troisième états; 42,
quatre épr., la première avant le haut
terminé, la deuxième un peu plus terminée, la troisième terminée, deux différentes épr. de ce dernier état , 43, six
épr., la première avant le groupe d'enfants et le trait carré, la deuxième avec ce
changement, la troisième plus travaillée,
de cet état, trois différentes épr.; 44,
quatre épr.; 45, trois épr.; 46, deux ép.;
47, deux épr., une première avant divers
travaux au pignon de la maison du fond;
48, le trait carré du bas n'est pas entiè-

rement exprimé; 49, épr. très belle avec barbe de la planche; 50, trois épr., une est avant la lettre, deux avec la lettre; 52, pièce douteuse. En tout 123 pièces, dont 68 *sont doubles. Nous n'avons signalé dans cet œuvre rare dont les épreuves sont toutes belles, que les principales différences.* Cet article sera divisé de manière à former des doubles des collections séparées.

POTTER (Paul).

644 — Le Vacher, deuxième état, avant l'adresse, de *Witt*, et les nᵒˢ 3, 5, 6, 7 et 8. Sept pièces.

REMBRANDT (Paul).

645 — *Première classe.* Portraits. Nᵒˢ 16, 17, 19, 21, 22, 23, 25, 26, deux épreuves. Neuf pièces, anciennes épreuves.

646 — *Deuxième classe.* Sujet de l'ancien Testament. Nᵒˢ 29, 30, 33, 34, 36, 37, 38, 39, 41, 42 et 43. double Treize pièces, anciennes épreuves.

647 — *Troisième classe.* Nouveau Testament. Nᵒˢ 45, 47, 48, 52, 55, 57, 64 double, 65, 67, 68, 69, 71, 72, 75, 83, 84, 87, 91 et 92. Vingt-six pièces, anciennes épreuv.

648 — *Quatrième classe.* Nᵒˢ 100 et 101.
— *Cinquième classe.* Nᵒˢ 109, 111, 113, 119, deux épreuves; 121, deux épreuves, une très belle; 124, très belle; 123, 128, 130, 136, deux épr.; 148, 149.

— *Sixième classe.* N°˚ 163, 164, 165, 168, 170, 173, 176, 179, deux épreuves.

649 — *Septième classe.* N°˚ 188, 192, 197 sur papier du Japon ; 201.

650 — *Huitième classe.* Paysages. N°˚ 210, 218, 219, 226, 235, 236, 237 et 255. Huit pièces, belles et rares. Cet article sera divisé.

651 — *Neuvième classe.* Portraits d'hommes. N°˚ 257, 261, deux épreuves, une avant le haut de la planche terminée ; 262 deux épreuves, 263, 264, 265, très belle; 266, 268, 270, deux épreuves; 272, 273, 276, 277.

652 — *Dixième classe.* Têtes d'hommes de fantaisie. N°˚ 286, 289, 290, 291, 292, 294, 295, 296, 298, 301, 306, 310, 312, 321. Seize pièces, belles épreuves.

653 — *Onzième classe.* Portraits de femmes. N°˚ 340, 345, 349, 350, 354, deux épreuves; 356, 359.

654 — *Douzième classe.* Fragments. Les n°˚ 363, 365 et 368.

655 — Vingt-trois pièces gravées par et d'après *Rembrandt*, épreuves de l'édition *Basan*.

REMBRANDT (École de).

656 — La Sainte famille; la femme à la poire, deux épreuves, une belle; portrait de femme et la copie, cinq pièces, par *F. Bol*.

ROOGHMAN (Roland).

657 — Paysages à l'eau forte, onze pièces; plus,

trois par *Hackert*, *Louis de Wador* et *Naiwinx*. Belles épreuves.

ROOS (J. Henri).

658 — Divers animaux de diverses suites, en hauteur et en largeur; trente-une pièces, plusieurs doubles.
659 — Animaux; quatorze pièces copies des eaux fortes d'*Henri Roos*.

RUBENS.

660 — La vieille à la chandelle et une Orgie, d'après Rubens, par *Wingaerd*; deux pièces.

RUYSDAEL. (Jacques).

A gravé à l'eau forte.

661 — Le petit pont, n° 1; les deux paysans et leur chien, n° 2; la chaumière au sommet de la colline, n° 3; plus une double du n° 2, et deux copies des n°° 1 et 3. Il sera fait un lot particulier de ces doubles.
662 — Les voyageurs, n° 4, belle épreuve d'un morceau très rare, un des coins est raccommodé; plus une copie.
663 — Le champ de blé, n° 5; très rare.
664 — Le bouquet des trois chênes, n° 6; très rare.

SEEMAN ou ZEEMAN.

665 — Marines. Neuf pièces à l'eau forte.

SUANEWELT DIT HERMAN, d'Italie.
A gravé à l'eau forte.

666 — Son œuvre composée de 116 pièces décrites par Bartsch, vol. 2, n°˙ 1 à 116, représentant des paysages et vues d'Italie, divisé en plusieurs suites avec épisodes de l'ancien et du nouveau Testament et de la fable. Les deux pièces rares, le Satyre jouant de la flûte et le Chevrier s'y trouvent, et toutes les épreuves sont belles et anciennes, avec l'*excudit*; quelques unes sont doubles, avec différences, telles que les n°˙ 39, 41, 42, 66, 69, 70, 76, 81 et 82 avant la lettre, 83, 108, 111, et plus 12 pièces gravées d'après lui, par *Goyrand* et autres. En tout 140 pièces.

667 — Dixneuf pièces doubles de l'œuvre ci-dessus belles épreuves avec *l'excudit*. Ce sont les n°˙ 13, 44, 65 double, 72, 74. 77, 83, 87, 95 double, 96, 106, 107 double, 108, 109, 110, 113.

SUYDERHOEFF.

668 — La paix de Munster d'après Terburg, belle et ancienne épreuve. Le tracé des lettres très apparent.

669 — Les bourgmestres d'Amsterdam d'après *Keiser*. Très belle épreuve avec barbe de la planche.

SUYDERHOEFF, LOUYS et SOUTMAN.

670 — Douze portraits dans des guirlandes de fruits.

SCHMIDT de BERLIN.

671 — Mignard, belle épreuve avant le trait de burin dans la marge.
672 — Présentation au temple, et la fille de Jaïre, et un portrait. Trois pièces.

UDEN (Lucas-Van).

673 — Divers paysages n°° 1, 8 double, 11, 12, 13, 14, 15, 16, 19, 20 double, 21, 22, 23, 24, 26, 27, 29, 30, 31, 32, 35, 47, 48, 49, 51, 52, 53, 54, 55, 57 double avec différence, 58, 59, en tout trente six pièces belles.

ULIET (Van).

674 — Diverses figures d'après Rembrandt et quelques unes par *Coning*.

VAEL (Jean-Baptiste).

675 — Costumes et scènes italiennes, vingt-quatre pièces dont plusieurs doubles.

VELDE (Adrien Van de).

676 — Suite d'animaux; n°° 3 deux épreuves, 5, 6, 8, 9 deux épreuves, et le n° 3 de l'artiste hollandais au monogramme P. V. H.

VIEGLER (Simon de).

677 — Paysages, n°° 3, 5, 6, 8, 9 deux épreuves, 10 et 12. Huit pièces belles et rares.

VISSCHER (Corneille).

678 — Scriverius, très belle épreuve.
679 — Coppenol, maître écrivain. Belle épreuve.

VISSCHER (Jean).

680 — Paysages et animaux, huit pièces d'après Berghem.

WATERLOO (Antoine).

681 — Son œuvre : composé de 136 paysages gravés à l'eau forte, plusieurs avec épisodes de l'ancien et du nouveau Testament, de la mythologie, ils sont décrits par Bartsch vol. 2, n° 1 à 136, (il manque à cette collection les n°˙ 38 et 101). La presque totalité des pièces dont se compose cet œuvre, est en très belles et anciennes épreuves avant toutes retouches, plusieurs doubles avec différences et quelques eaux fortes pures; il serait bien difficile aujourd'hui de faire un pareil œuvre, vu la rareté des eaux fortes de Waterloo. Les n° 1, 2, 5, 6, 7, 8, 10, 13, 14, 16, 21, 23, 24, 25, 26, 27, 28, 29, 30, 31, 32, 33, 36, 37, 38, 39, 43, 44, 45, 52, 53, 54, 55, 56, 57, 58, 59, 65, 66, 72, 76, 78, 83, 84, 86, 99, 105, 108, 109, 113 114, 115, 116, 117, 119, 120, 125, 128, 131, et 133 sont doubles et même quelques uns triples, avec différence dans les épreuves; plus trois épreuves du morceau douteux décrit par Bartsch. En tout 201 pièces. Les pièces doubles seront vendues séparément.

682 — Double de l'œuvre ci-dessus, moins les n°˙

38, 57, 65, 66, 72, 76, 77, 80, 83, 84,
95, 96, 97, 98, 99, 101, 102, 103, 104,
105, 106, 114, 126, 127, 132, 133,
reste cent dix pièces. Plus quatre-vingt-
dix-sept doubles avec différences. Ces
doubles seront vendus séparément.

ÉCOLE ANGLAISE.

PEINTRES et GRAVEURS.

683 — Sujets de l'histoire d'Angleterre et du théâtre de Shakspeare, d'après les compositions de Westall, Smirke, Nortchote, Stothard, etc. Cinquante deux pièces.

684 — Vues pittoresques d'Angleterre et d'Écosse. Paysage par Barret, d'après Robert. Seize pièces.

685 — Divers portraits de personnages anglais, des 18e et 19e siècles, gravés au burin, au pointillé, et à la manière noire, d'après des peintres et par des graveurs Anglais. 56 pièces. Cet article sera divisé.

686 — Sujets divers; cinq pièces d'après Hopner, Morland, etc. Trois sont coloriées.

COOCK (William et Benoit).

687 — Vues prises sur les bords de la Tamise, quatre-vingts pièces gravées à l'eau forte.

COSWAY (Maria).

688 — Onze pièces d'après R. Cosway, par *Maria*

Conway, et dans lesquelles se trouve son portrait.

EARLOM (Richard).

689 — Charles 1er et ses enfants. Le comte d'Aremberg, duc de Richemond etc. Quatorze portraits gravés au burin et à la manière noire par Earlom et autres. Cet article sera divisé.

LAURENCE (d'après Sir Thomas).

690 — Portraits de divers personnages marquants d'Angleterre; huit pièces gravées par *G. Doo, Cousins, Bartolozzi etc.* Cet article sera divisé.

691 — Portraits du duc d'York, Lady Dower, etc., six portraits gravées en manière noire par *S. Cousins, Turner,* etc.

REYNOLDS (d'après Sir Josué).

692 — Son œuvre, en cent vingt-six portraits des personnages anglais les plus marquants de la fin du 18e siècle, le portrait du duc d'Orléans, etc. gravés au burin, au pointillé et à la manière noire par *Earlom, Dickinson, Wilkins, Corbutt, Bartolozzi, Smith, Mac-Ardell,* etc. toutes ces estampes très belles épreuves, plusieurs avant la lettre. Cet article sera divisé.

692 bis. — Sainte famille d'après Reynolds, gravé au burin par *William Scharp*.

693 — Quarante feuilles contenant plusieurs portraits sur la même feuille d'après Josué Reynolds, réduction des portraits ci-dessus, gravées en manière noire par *Reynolds*.

SMIRKE (d'après).

694 — Suite de soixante vignettes pour les aventures de Don Quichotte, gravées par les meilleurs graveurs anglais, belles épreuves avant toutes lettres sur papier de Chine. Cet ouvrage, un des plus beaux en ce genre, s'est vendu plusieurs fois au prix de 7 et 800 fr. en vente publique.

695 — Suite de vingt-quatre vignettes pour les aventures de Gilblas, d'après les dessins de Smirke, plus le texte en quatre vol. in-4°, édition de Londres.

SMITH (John).

696 — Portraits anglais. La reine Caroline, diverses lady, d'après Kneller, Ramsay et autres, gravés en manière noire, sept pièces belles épreuves.

STRANGE (Robert).

697 — Charles 1er, d'après Van-Dyck.

VIVARÈS (François).

698 — La tour enchantée d'après Claude Lorrain.
699 — La marche des animaux d'après Claude le Lorrain.

700 — La danse des bergers, et autres paysages gravés par *Vivarès*, *Wood* et *Mayor*. Quatre pièces d'après Claude le Lorrain.
701 — Paysages d'après Le Guaspre Poussin, Claude Lorrain, Rembrandt et Richard; cinq pièces gravées par *Vivarès*, *Woollett*, et autres.
702 — Quarante-un paysages gravés en Angleterre par *Vivarès*, *Chatelain* et autres, d'après Le Guaspre Poussin : belles épreuves.

WOLLETT (William).

703 — Phaéton et Niobé ; deux estampes d'après Wilson, anciennes épreuves. Macbeth, d'après Zuccharelli.

VIGNETTES ANGLAISES.

704 — Quatre-vingt-trois vignettes gravées par *Heath*, *Romney* et autres.
705 — Quarante-six vignettes anglaises, gravées par *Heath*, *Cooper* et autres.
706 — Suite de douze vignettes pour les Aventures de Crabbe, d'après *Corbould*.
707 — Dix-huit vignettes anglaises avec fleurons, pour les titres des ouvrages publiés par *Walker* et *Suttaby*.

TURNER (d'après).

708 — Quinze pièces; vues des côtes d'Angleterre.

WESTALL. (d'après Richard).

709 — Suites pour les Nuits d'Young et les poésies de Cooper, vingt-deux pièces.

710 — Rasselas, Les Saisons, les poèmes de Goldsmith, le Ménestrel, et Elisabeth de Mme Cottin, cinq suites de vignettes, d'après Richard Westall.

711 — Les Plaisirs de la mémoire, Méditations d'Hervey, et poèmes de Rogers, trois suites, d'après *R. Westall*, quatorze pièces.

712 — Illustrations pour les ouvrages poétiques de W. Scott, deux suites, une de neuf vignettes d'après *R. Westall*, une de douze vignettes d'après *Leslie*.

713 — La Dame du Lac, roman de W. Scott, deux suites de vignettes, une d'après *R. Westall*, une d'après *Coock*.

ÉCOLE D'ITALIE.

714 — Cinquante-cinq pièces, d'après Raphaël, Titien, Carrache, Castiglione, Angelica Kauffman, etc.

715 — Vingt-quatre pièces d'après Raphaël, Titien, les Carraches et autres grands maîtres de l'école d'Italie.

716 — Dix-sept pièces à l'eau forte, Couronnement d'épines, par A. Carrache, avant l'adresse. La Vierge, 1580, et autres sujets, par Castiglione, Cantarini, Anesi, etc.

717 — Candelabres, inventés par *Raphaël* et *Michel*

Ange, dessinés à Rome par *Le Prieur*, et gravé par *Le Normand*; deux estampes en deux feuilles.

BELLE (Etienne de la)

718 — Paysages, caprices, batailles et scènes diverses, deux cent une pièces.

MORGHEN (Raphaël).

719 — La Poésie, d'après Raphaël, épreuve avant la lettre; et Léonard de Vinci, d'après ce maître; deux pièces.

TIEPOLO (Dominique).

720 — Trente-cinq pièces à l'eau forte; sujets de la vie de la Vierge; saint Jean prêchant; caprices; plusieurs saints, etc.

8ᵉ VACATION.

Livres à figures, Architecture, Galeries, Cabinets, Recueils d'Estampes, etc.

721 — Un vol. in-fol. contenant 17 estampes d'après divers maîtres.
722 — Douze feuilles gravées à l'eau forte par MM. Reinaud, d'après des dessins de M. Granet.
723 — Quatre-vingts estampes, la plupart d'après des maîtres français du 18ᵉ siècle, Bou-

cher, Vanloo, Vernet, etc., un vol. in-fol. rel. en veau.

724 — Trente-quatre figures pour les comédies de Molière gravées d'après les dessins de Boucher, par Laurent Cars (manque le portrait de Molière), in-4, v.

724 bis Fables nouvelles de M. de la Motte, Paris 1719, in-4, demi-rel., figures d'après Coypel et Gillot, dont un grand nombre est gravé par lui et sur ses dessins.

725 — Italy a poëm by Samuel Rogers. *London*, 1830 et 1834, 2 vol. in-8, jolies figures en bois.

726 — The gem (le Diamant), for 1830, in-8, fig.

727 — Fashions from Ackerman repository, Londres, 1809 à 1814, 1 vol. in-8, contenant un grand nombre de costumes de femmes coloriés.

728 — The british gallery of contemporary portraits, London, 1812 à 1816, 2 vol. in-fol., demi-rel., 21 liv. de 6 portraits chaque, bien gravés au pointillé, ouvrage peu connu en France.

729 — Liber veritatis, or collection of two hundred prints, after the original dessins of Claude le Lorrain, in the collection of the duke of Devonshire, etc. London, Boydell, 1779 à 1804, 3 vol. in-fol. de 300 planches gravées par R. Earlom, exemplaire anciennes épreuves.

730 — Planches détachées de l'ouvrage ci-dessus, épreuves avant la lettre, 28 pièces.

731 — Du même ouvrage, 45 pièces avec la lettre.
732 — Galerie de Vienne, par Prenner et Stampart, 30 estampes qui font voir l'arrangement de la galerie et les curiosités qui s'y trouvent. Vienne, en Autriche, 1735, in-fol., vol. rare.
733 — *Basan*. Collection de 120 estampes, d'après les tableaux du cabinet Poullain. Paris, 1781, in-4 cart., manque le texte.
734 — *Weirotter*, peintre allemand; son œuvre en 215 pièces gravées à l'eau forte. Paris, Jean. in-fol. cart.
735 — *Caylus* (le comte de); son œuvre gravée d'après les grands maîtres, 137 pièces d'après Raphaël, Michel-Ange, Watteau, etc., 1 vol. in-fol., v. ec. filets.
736 — Musée des Antiques dessinés et gravés par Bouillon, Paris. L'auteur, 1811 à 1827, 3 vol. in-fol., demi-rel.
737 — Galerie du musée Napoléon, publié par Filhol. Paris, 1803, et années suivantes, 10 vol. in-8, demi-rel. Bel exemplaire par les épreuves.
Galerie du musée de France. Paris, M⁻ᵉ Filhol, 1828, 12 liv. in-8 formant le tome 11 de l'ouvrage ci-dessus.
738 — Galerie de Florence. Tableaux, statues, bas-reliefs et camées de la galerie de Florence et du palais Pitti, dessinés par Vicar et gravés sous la direction de Masquelier. Paris, 1789 à 1821, 4 tomes en 2 vol. in-fol. demi-rel.

739 — Concours décennal, ou collection gravée des ouvrages de peinture, sculpture, architecture et médailles mentionnées dans le rapport de l'Institut. Paris, 1812, in-fol., 30 pl. en 10 liv.

740 — *Visconti.* Iconographie grecque et romaine. Paris, Didot, 1811-1833, 7 vol. in-4 et 2 vol. in-fol. pour l'atlas, demi-rel.

741 — *Thibault (J.-T.).* Application de la perspective linéaire aux arts du dessin, mis au jour par Chapuis, son élève. Paris, 1827, in-4 demi-rel., 55 pl.

742 — *M. E.-F. Imbard.* Tombeau de François Ier, dessiné et gravé par Imbard.

743 — Nuova racolta di cinquanta costumi pittoreschi incisi all' acqua forte da B. Pinelli. Romano, 1 obl., 50 pl.

LIVRES SUR LES ARTS.

PEINTURE, GRAVURES, CATALOGUES, VOYAGES PITTORESQUES, ETC.

744 — *Léonard de Vinci.* Traité de la peinture, traduction par de Chambray. Paris, 1651, in-fol. v.

745 — La vie des peintres flamands et hollandais, avec des portraits par Descamps, Paris, Jombert, 1753, 4 vol. Voyage pittoresque de la Flandre et du Brabant, par le vol. in-8, d. basane.

746 — Abrégé de la vie des peintres, par Dargenville. Paris, 4 v. in-8, v. avec portraits.
747 — Collection de lettres de N. Poussin. Paris, 1824, in-8, demi-rel.
748 — *Audran*. Les proportions du corps humain mesurées sur les plus belles figures de l'antiquité, Paris, l'auteur, 1683, in-fol.
749 — Notice sur Gérard Audran, par V. Denon. 1 cahier in-4, fig.
750 — *Taillasson*. Observation sur quelques grands peintres, Paris, in-8.
751 — Œuvres complètes du chevalier Reynolds, peintre anglais. Paris, 1806, 2 vol. in-8, basane.
752 — Almanach des Beaux-Arts et des Muses, 1754. Réflexions sur la peinture et sur le salon de 1746, Florent-le-Comte, 1er et 3e vol. La Vénus de Milo, etc., 7 vol.
753 — Nouveau Vignole. Paris, 1755, in-4, fig.
754 — *Monnet*. Etude d'anatomie à l'usage des peintres, in-fol.
755 — Le peintre graveur, par Adam Bartsch. Vienne, 1803, 5 premiers vol, 1 à 5 pour les peintres flamands et Hollandais, série complète.
756 — Catalogue raisonné de toutes les estampes qui forment l'œuvre de Rembrandt et de ses principaux imitateurs, par A. Bartsch. Vienne, 1797, 2 vol. in-8, cart.
757 — Catalogue de l'œuvre de Rembrandt, par le chevalier de Claussin. Paris, 1824, et le supplément, 2 vol. in-8, brochés.
758 — Le peintre graveur français, par Robert Dumesnil. Paris, 1835 et années suivantes, 7 vol. in-8, brochés.

759 — *Robert Dumesnil.* Catalogue de vente, œuvre de Rembrandt, 1835, école italienne, 1837, école flamande, 1838. 3 vol. in-8, brochés.

760 — Dictionnaire des artistes de l'école française au XIV° siècle, par Gbert. Paris, 1831, 1 in-8 broché.

761 — Catalogue de tableaux et pierres gravées, de M. Crozat, 1741, du duc d'Estrées, 1741, du duc de Mortemart, 1739. in-8, v.

762 — Catalogue de la collection de tableaux de M. De Lorrangère. Paris, 1744, in-8, v.

763 — Catalogue des tableaux et curiosités du cabinet de M. de Cayeux. Paris, 1773.

764 — Catalogue Mariette, par Basan, Paris, 1775, in-8, v. avec les prix.

765 — Catalogue des tableaux de la collection de M. Poulain. Paris, 1780, in-8, v.

766 — Catalogue de la collection (dessins, estampes) de feu Basan, par Regnault de la Lande. 1798.

767 — Catalogue des collections d'estampes de Silvestre, 1810, Rigal, 1817, et Paillère, 1820, par Regnault de la Lande. 2 vol. in-8, demi-rel.

768 — Catalogue Paignon Dejouval. Etat raisonné des dessins et estampes dont il est composé, par Benard. 1810, 1 vol. in-4.

769 — Catalogue de la rare et précieuse collection d'estampes de M. Debois, rédigé par Defer. Paris, 1843, in-8.

770 — *Bourgeois.* Recueil des vues pittoresques de la France. 80 pièces lithographiées, in-fol., demi-rel.

771 — Voyage romantique en Franc, par Taylor, Normandie. Paris, Didot, les 11e premières livraisons.
772 — Pittoresque tour of the Seine, from. Paris to Havre, to London, 1821, 6 liv. in-4, 24 pl. coloriées.
773 — Guide à Rouen, par *Licquet*. 1827, in-8.
774 — Monuments, établissements et sites les plus remarquables du département de l'Aisne, par Pingret. Paris, 1823, in-fol., obl., cart.
775 — Fontaines diverses de Rome et autres lieux d'Italie, par Maggi, peintre architecte. Rome, 1651, in-4, relié en vélin.
776 — Voyages pittoresques en Italie, par le vicomte de *Sennones*. 7 liv. in-fol., pl. gravées à l'eau forte.
777 — Voyage et découverte aux terres australes, par Perron, Paris, 1816, 4 vol. in-4, dont 2 de texte, 2 de planches.
778 — Atlas historique, généalogique, par Le Sage (le comte de Las Cases). Paris, 1808, in-fol. cart.
779 — *Malte-Brun*. Atlas complet de géographie, in-4.

Un beau Mannequin de femme de Huot sera vendu à la fin de la quatrième vacation.

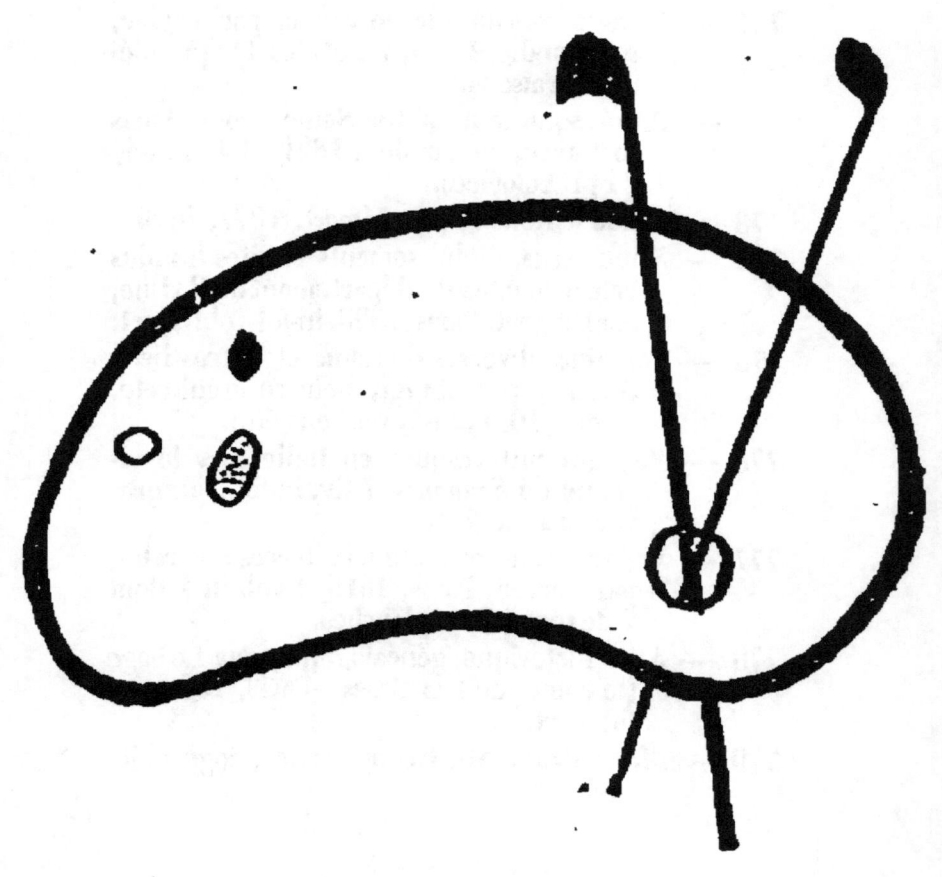

ORIGINAL EN COULEUR
N° Z 43-120-8

www.ingramcontent.com/pod-product-compliance
Lightning Source LLC
Chambersburg PA
CBHW070151230526
45471CB00002B/621